教育、科技、人才战略的有机融合

中国民主同盟江苏省委员会　组编

胡　刚　主编

群言出版社
·北京·

图书在版编目（CIP）数据

教育、科技、人才战略的有机融合 / 胡刚主编；中国民主同盟江苏省委员会组编. -- 北京：群言出版社，2024.7. -- ISBN 978-7-5193-0970-1

Ⅰ. G527.53-53

中国国家版本馆 CIP 数据核字第 2024CB7142 号

责任编辑：刘大朋
封面设计：北京卓伟博文印刷设计有限公司

出版发行：群言出版社
地　　址：北京市东城区东厂胡同北巷 1 号（100006）
网　　址：www.qypublish.com（官网书城）
电子信箱：qunyancbs@126.com
联系电话：010-65267783　65263836
法律顾问：北京法政安邦律师事务所
经　　销：全国新华书店

印　　刷：北京九天万卷文化科技有限公司
版　　次：2024 年 7 月第 1 版
印　　次：2024 年 7 月第 1 次印刷
开　　本：710mm×1000mm　1/16
印　　张：15.75
字　　数：240 千字
书　　号：ISBN 978-7-5193-0970-1
定　　价：98.00 元

【版权所有，侵权必究】

如有印装质量问题，请与本社发行部联系调换，电话：010-65263836

编委会

主　　编　胡　刚
副 主 编　冯　泉
特约编辑　夏倩倩　嵇雅田

目 录

领导讲话

在第十四届江苏教育发展论坛开幕式上的致辞 …………………… 徐　辉（3）
在第十四届江苏教育发展论坛上的讲话 ………………………… 胡　刚（5）

一等奖论文

要素齐聚·协同支撑·三链共融"教育、科技、人才"汇聚中国式现代化
　　"源动力" ………………………………………………… 王正华　陆　平（11）
全省职业院校培植学生现代工匠精神的现状调查报告
　　……………………………………………………………… 梅加艳　高业军（22）
着力推进职普融通，拓宽学生成才通道 ……………………… 施建国（29）
强力突破　协同推进　打造高地　促进教育、科技、人才有机融合
　　………………………………………………………… 民盟徐州市委员会（33）
"五大发展理念"引领下中职教师专业发展的途径和策略
　　——以江苏省为例 ………………………………………………… 刘　蓓（38）
基础教育在拔尖创新人才培养中应有更多的担当 …………… 蔡光磊（42）
在部分双一流建设高校试点设立"职业技术学院"，加快推进高等
　　教育职普融通 ………………………………………………… 孙静松（47）
九年义务教育中加入更多科创元素的建议 ………… 蔡瑞申　胡　浩（51）
深化制度改革　持续推进教育、科技、人才战略有机融合
　　………………………………………………………… 郭　培　边　霞　周　云（54）
地方应用型高校现代产业学院平台驱动教育、科技、人才战略融合发展的
　　路径选择 ……………………………………………… 黄　鹏　王志向（58）

— 1 —

二等奖论文

我国高等教育供给侧改革背景下的专业认证研究 …………… 道　靖（65）
关于促进高校人才分类评价，激发"躺平式"教工活力的建议
　……………………………………………………………… 严美娟（69）
关于高校科研成果转化为教学资源的问题与建议 ………… 顾宇蓉（73）
推进我省中医药高等教育高质量发展的若干建议
　………………………………………… 胡晨骏　胡孔法　丁有伟（77）
推进新时代教育、科技、人才"三位一体"高质量协同发展 …… 杨晓丽（81）
以"一带一路"为契机，基于成果导向教育的科产教融合提升
　我省海洋科学类人才培养质量的对策建议 ……………… 冯志华（85）
在教育"双减"中做好科学教育加法的探索与思考
　——以泰州科技教育为例 ………………………………… 李新荣（90）
以人工智能普及为突破口实现教育、科技、人才战略的有机融合
　……………………………………………………………… 汤卫明（94）
打出职教改革"组合拳"　拓宽技能人才"蓄水池"
　——关于促进职业教育改革培养技能人才的建议 ……… 陈　娟（98）
关于推动高等职业教育数字化转型中科技、人才战略有机融合的建议
　……………………………………………………………… 马　寅（102）
高职院校双师型教师队伍建设的途径研究与探索 …… 朱宝生　王彩霞（107）
关于提升高校教育数字化创新引领水平的思考和对策建议
　……………………………………………………… 钱小龙　宋子昀（111）
以国家文化数字化战略为引领，推动江苏数字文化人才培养 …… 周　锦（115）
在基础教育中的科技、人才融合策略浅谈 ………………… 厉　剑（119）

三等奖论文

"三位一体"战略的江苏实践与思考 ………………………… 华　佳（125）
科教兴体　育才强国：科技助力高校体育教学改革的建议 …… 林　毅（130）

"四联四融"深化职业院校产教融合 赋能地方"智能+技能"
　　人才培养 ………………………………………………… 石陈云（134）
高职院校立足人才引进，促进高质量发展的思考
　　……………………………………… 陈胜利　朱葛俊　蒋慧敏（138）
完善高层次、高技能青年人才引进政策 ………………… 华逸琦（141）
江苏省信息技术人才战略与职业教育有机融合策略研究
　　………………………………………… 辛　欣　朱建彬　郭琪瑶（144）
课程设置拓"宽度"、拔"高度"
　　——高中创新型人才培养策略研究 …………… 姜　勇　蒋同山（148）
关于优化基础教育阶段拔尖创新人才选拔培养机制的思考 …… 李　超（151）
坚持教育、科技、人才一体化的职业教育创新发展 ……… 陆海峰（154）
江苏跨学科师资人才培养策略 …………………………… 李红玲（157）
人才为体，科技为用，教育为术
　　——"教育·科技·人才"融合共进的实现策略 …………… 卢一飞（160）
以科技赋能教育，以信息化促进课后服务公平 ……… 王　剑　张　丽（164）
新时期江苏交叉学科建设路径研究 ………… 民盟南京艺术学院委员会（167）
深化产教融合、科教融汇，构建应用型高校产科教相长的互动内生机制
　　………………………………………………………… 苏　慧（170）
校企深度融合与企业新型学徒制
　　——基于长电科技（宿迁）的考察 ……… 裴启军　徐小坤　孙莉利（174）
新时代江苏省中医药"教育、科研和人才"融合高质量发展的路径建议
　　………………………………………………………… 关晓伟（177）
在教育、科技、人才一体化视域下推动基础教育改革 …… 钮烨烨（180）
有效推进教育、科技、人才"三位一体"有机融合 ……… 沈建中（184）
促职业教育发展，为科技人才赋能 ……………………… 宋爱娟（187）
科技创新驱动发展　科教融合协同育人 ……… 赵春梅　杨　姝　王　钰（191）
强化基础教育阶段学生科学探究素养迫在眉睫 ………… 卢　弘（194）
职业教育与科技创新跨界融合的人才培养探究
　　………………………………………… 陈玲玲　辛　欣　周文兰（197）

中国农村基础教育的振兴和发展路径
　　——基于江恒源"富教合一"理论 …………… 李　享　刘　娟（200）
科技发展对现代高等教育人才培养的影响和建议 …………… 王秀慧（203）
以科技创新为主体，布局打造"一江两河"创新发展战略 …… 陈素志（206）

附录　其他优秀论文摘要 ………………………………………（211）

领导讲话

在第十四届江苏教育发展论坛开幕式上的致辞

徐 辉

(2023年9月8日上午)

各位嘉宾、各位盟员，同志们：

大家上午好！

非常高兴与大家相聚在美丽的古城南京，共同参加第十四届江苏教育发展论坛。

首先，我谨代表民盟中央向论坛的举办表示热烈的祝贺！向长期支持和帮助民盟江苏省委的中共江苏省委统战部、省委教育工委和有关单位表示衷心的感谢！向与会的各位来宾、专家学者致以良好的祝愿！对民盟江苏省委和各位盟员在推动教育事业发展中为全盟树立良好示范表示由衷的敬意！

教育兴则国家兴，教育强则国家强。中共十八大以来，以习近平同志为核心的中共中央坚持把教育作为国之大计、党之大计，作出加快教育现代化、建设教育强国的重大决策，推动新时代教育事业取得历史性成就、发生格局性变化。当前，我国已建成世界上规模最大的教育体系，教育现代化发展总体水平跨入世界中上国家行列。

作为以教育为主要界别的中国特色社会主义参政党，近年来民盟坚持把加快教育现代化、建设教育强国作为围绕中心、服务大局的重点领域，积极开展各种形式的参政议政工作。去年以来，民盟中央就改革基础教育学制、改革普职分流、建立中国特色大学权威评价体系、优化本科招生学科结构等在高层协商会、座谈会上积极建言，受到中共中央、国务院和有关部门的高度重视；今年两会，我们向全国政协大会提交有关教育的口头发言1篇、书面发言1篇、提案5篇，涉及高等教育综合改革、基础教育优质均衡发展、加强高校教师队伍建设等方面内容，产生了良好的社会影响。民盟江苏省委也围绕教育改革发展认真履职，尤其是连续多年举办教育发展论坛，全面汇聚江苏盟员智慧建言献策，有效地推动了江苏教育事业的发展，已成为民盟省级组织中重要的品牌论坛。

本次论坛的主题是"教育、科技、人才战略的有机融合"。当前，我们已经开启了实现第二个百年奋斗目标的新征程，进入实现中华民族伟大复兴的关键时期。中共二十大明确提出："教育、科技、人才是全面建设社会主义现代化国家的基础性、战略性支撑。"习近平总书记也强调，建设教育强国、科技强国、人才强国具有内在一致性和相互支撑性，要把三者有机结合起来、一体统筹推进，形成推动高质量发展的倍增效应。这些都极大深化了对建设教育强国的重大理论和实践问题的规律性认识，为新时代我国教育改革发展提供了根本遵循。面对新形势新任务，我们要深刻认识全面建成社会主义现代化国家对建设教育强国的内在要求，破除一切制约教育高质量发展的思想束缚和制度藩篱，加快建设高质量教育体系，全面提升教育治理水平；要提升教育对高质量发展的支撑力和贡献力，以高校分类管理及分类评价改革为抓手，进一步加强拔尖创新人才自主培养，更好推动教育成为经济社会发展的基础支撑和关键力量；要准确把握科技革命及产业变革新趋势，全面推动职业教育提质升级，统筹推进教育数字化、学习型社会和学习型大国建设，全面提升人力资源开发水平。以教育之力厚植人民幸福之本，以教育之强夯实国家富强之基，为全面推进中华民族伟大复兴提供有力支撑。

江苏是教育强省，也是科技强省，有着先进的教育改革经验、突出的科技创新能力和坚实的人力资源基础。推动教育、科技、人才战略有机融合，江苏理应先行先试、做好引领示范。希望民盟江苏省委广泛组织动员盟内各领域人才，更加深入地参与到"三位一体"建设中，把江苏对教育改革发展的好观点、好意见、好想法送到中央，为统筹推进科教兴国战略、人才强国战略、创新驱动发展战略作出更多积极的贡献。

最后，预祝本次论坛圆满成功！

谢谢大家！

在第十四届江苏教育发展论坛上的讲话

胡 刚

(2023年9月8日)

尊敬的徐辉副主席、各位领导、各位来宾、同志们：

大家上午好！在第39个教师节即将到来之际，我们举办第十四届江苏教育发展论坛，以此彰显我国新型政党制度的显著优势、民盟的界别特色和参政党的责任担当。首先，我谨代表民盟江苏省委会，向出席会议的各位领导、嘉宾和同志们表示热烈的欢迎！向给予论坛大力支持的中共省委组织部、中共省委统战部、省教育厅、省科技厅、省人社厅表示衷心的感谢！向参会的各位同志，并通过你们向全省心系教育、科技发展的盟员同志表示诚挚的问候！

中共二十大对"实施科教兴国战略，强化现代化建设人才支撑"作了专章部署，强调"教育、科技、人才是全面建设社会主义现代化国家的基础性、战略性支撑"，充分彰显了中共中央对科教工作的重视之深、期待之切和谋划之远。习近平总书记在中共中央政治局第五次集体学习时进一步指出，要把服务高质量发展作为建设教育强国的重要任务。强调建设教育强国、科技强国、人才强国具有内在一致性和相互支撑性，要把三者有机结合起来、一体统筹推进，形成推动高质量发展的倍增效应。

为深入贯彻落实习近平总书记重要讲话重要指示精神和中共二十大决策部署，本次教育发展论坛以"教育、科技、人才战略的有机融合"为主题，力求广泛凝聚全省民盟智慧，助力我省一体统筹推进三者深度融合，在高质量推进科教人才强省建设中作出江苏民盟的贡献。借此机会，我以教育高质量发展为切入点，对教育科技人才"三位一体"协同推进、融合发展谈几点意见，供大家参考。

一、把"双一流"和高水平大学建设作为"三位一体"协同推进的力量之源

8月29日,在全省高校领导干部暑期学习培训班上,省委书记信长星强调,把江苏高校打造成"五个地"。这是中共江苏省委贯彻落实习近平总书记重要讲话重要指示精神和中央决策部署,对高校提出的新要求、新任务。高等教育是教育体系的高端和龙头,高校是国家创新体系的重要组成部分,是人才培养的重要基地,是科技第一生产力和人才第一资源的融汇点。"三位一体"协同推进,高校必须发挥好先导作用,以人才培养为着力点,坚持为党育人、为国育才。要聚焦推进中国式现代化江苏新实践需求,推动人才链、创新链、产业链三链深度融合,开展高水平国际交流合作,全面提高人才自主培养质量,构建中国特色、以我为主的一流人才培养体系,加快培养关键核心领域高层次创新人才、基础学科拔尖创新人才、一流科技领军人才和卓越工程师。要以"双一流"建设为抓手,积极探索科教融合新模式,健全科技攻关新型举国体制,大力加强基础学科、新兴学科、交叉学科建设,实现更多从"0到1"的突破,解决关键核心技术和"卡脖子"问题,推动更多重大科技成果从"1到10"的转化,开辟发展新领域新赛道。

二、把职业教育融通、融合、融汇作为"三位一体"形成合力的重要组成

中共二十大报告指出,要完善人才战略布局,坚持各方面人才一起抓,建设规模宏大、结构合理、素质优良的人才队伍。加快建设国家战略人才力量,既要努力培养"大师、战略科学家、一流科技领军人才和创新团队、青年科技人才",也要努力造就一大批"大国工匠、高技能人才"。要尽快扭转职业教育"叫好不叫座"的现状,大幅提升毕业生道德水平、技能水平和就业质量,培养高素质、复合型、创新型技术技能人才。要以职普融通、产教融合、科教融汇为突破口,持续推进"职教高考"和"专升本"考试改革,建立符合职业教育特点的考试招生制度,完善教学链结构和人才链设置;加快实现重点产业集群全覆盖,最大程度地实现人才培养目标与区域产业建设需求的精准匹配;要把科技发展融入职业教育教学,建设特色技术技能创新服务平台,服务产业转型升级、企业创新发展。

三、把基础教育改革作为"三位一体"融合发展的基石起点

基础教育是人才培养的第一站,我们中小学今天培养的人,到2035年、到本世纪中叶是建设国家、实现民族复兴的中坚力量。要充分发挥高等教育在

"三位一体"战略部署中"牛鼻子"作用,首先需要改变现有基础教育与高等教育"各自为教"、人才培养脱节的问题,建立起整体的、系统的、可持续的办学育人观,推动基础教育与高等教育一体化发展,提升整体教育质量和效益,达到 1+1>2 的效果。要加快转变唯分数、唯升学的目标导向,构建超越学段、贯通培养的基础教育学制组织形式,让人的发展的连续性得到最大体现。要加快构建基于人的素养发展的教学体系、评价体系和培养体系,摒弃单一知识传授的做法,激发好奇心、想象力,构建处处是创造之地、天天是创造之时、人人是创造之人的教育氛围,让各类人才尽情发展,做到人尽其才、人人成才、人才辈出,释放人才红利。

同志们,民盟作为以教育、科技为主界别的民主党派,我们有责任、有义务为教育、科技、人才"三位一体"战略部署的实践探索贡献力量。希望各级盟组织和广大盟员以此次论坛为契机,围绕人才培养与科技创新的关键点和突破口,找准参政议政的切入点、发力点,把问题研究透彻,把对策提准提实,做到高质量建言献策,为奋力推进中国式现代化江苏新实践,谱写"强富美高"新江苏现代化建设新篇章做出更大贡献。

一等奖论文

要素齐聚·协同支撑·三链共融"教育、科技、人才" 汇聚中国式现代化"源动力"

王正华[*] 陆 平[**]

摘 要

高质量发展是全面建设中国式现代化国家的首要任务。实现中国式现代化要靠科技，科技要靠人才，人才要靠教育。教育链、科技链、人才链"三链共融"，要素齐聚，是现代化建设基础性、战略性支撑。只有匡正教育之辕、夯实科技之本、把准人才之脉实现"三链共融"，才能构筑起现代化的大厦。要实现教育、科技、人才的一体化融合，首先要坚持教育优先发展，加快高质量教育体系建设，促进教育公平，为经济社会发展输送德才兼备的高素质人才；其次要坚持科技自立自强，创新驱动发展，建立健全新型举国体制，强化基础研究和原始创新，推进"卡脖子"关键核心技术攻关，发挥高水平拔尖创新人才应有价值；最后要坚持"人才是第一资源"理念，全面提高人才自主培养质量，扩大对外开放，聚天下英才而用之。教育、科技、人才协同支撑，三链共融，汇聚中国式现代化"源动力"。

党的二十大报告首次将"科教兴国、人才强国、创新驱动"三大战略合兵一处，系统谋划中国式现代化征途上教育、科技、人才"三大要素"，赋能创新型国家建设，赋予了科教兴国等战略新的时代内涵。

---

[*] 王正华，常州工业职业技术学院研究员、民盟常州工业职业技术学院支部副主委。
[**] 常州工业职业技术学院讲师、民盟常州工业职业技术学院支部盟员。

一、科教兴国战略的时代背景

（一）科教兴国战略取得骄人成就

党的十八大以来，以习近平同志为核心的党中央把教育事业、科技事业、人才培养放在优先和突出位置，取得了辉煌的成就。一是建成了世界上规模最大的教育体系。《2021年全国教育事业发展统计公报》显示，全国共有各级各类学校52.93万所，在校生2.91亿人，专任教师1844.37万人，劳动年龄人口平均受教育年限10.9年，教育普及度已达到中高收入国家平均水平。二是科学技术得到长足的发展。2022年，我国全社会研发投入达3.09万亿元，研发投入强度达到2.55%。基础研究投入1951亿元，占全社会研发经费比重为6.3%。我国的全球创新指数排名上升至第11位，成功进入创新型国家行列。在科技领域，我国的人工智能、物联网、大数据、云计算、区块链等新技术、新产品、新业态、新模式已经迈入国际市场第一方阵，高铁、航天、核电、信息通讯等领域已经具备全球竞争力。基础研究和原始创新不断加强，一些关键核心技术实现突破，战略性新兴产业不断发展壮大，卫星导航、量子信息、载人航天、飞机制造、生物医药等技术领域取得重大成果。三是人才队伍不断壮大。2022年，全国人才资源总量为2.2亿人，其中专业技术人才7839.8万人，研发人员总量超600万人，多年保持世界首位。《全球人才流动趋势与发展报告2022》显示，我国人才竞争力位居全球第8位。

（二）新征程赋予科教兴国战略新内涵

1995年中共中央、国务院颁布《关于加速科学技术进步的决定》，首次提出实施科教兴国战略。之后，党和国家连续出台一系列重大决策部署，不断丰富科教兴国战略的实施要义。党的二十大报告赋予科教兴国战略新的时代内涵。当前，世界百年未有之大变局加速演进，我国发展进入战略机遇和风险挑战并存、不确定和难预料因素增多的时期，改革发展稳定依然面临不少深层次矛盾。中美贸易摩擦、美国对我国全面遏制，其本质就是为了迟滞我国的发展。我国的根本出路就在于全面深化改革，推动新一轮改革开放，大胆进行科技创新，而创新能力的基础就是教育的现代化和创新人才的培养。教育、科技、人才是托起中国梦的三驾马车，是中国特色社会主义现代化的基础性、战略性支撑。教育、科技、人才，从来没有像今天这样深刻影响着我国现代化发展的前途命运，从来没有像今天这样深刻影响着中国人民的生活福祉。

二、"三链共融"的困境与短板

（一）教育链创新发展和资源供给维度

1. 宏观层面看，教育资源呼唤更多的教育投入。2022年9月教育部财务司司长郭鹏介绍，国家十分重视教育经费投入，全国财政性教育经费投入占国内生产总值的比例，十年平均值为4.13%。相对于世界平均4.3%和经济合作与发展组织国家平均4.9%的水平，我国的教育投入还存在一定差距。

2. 微观层面看，教育资源配置不均衡滋生各种乱象。一是普通教育领域"输在起跑线"的焦虑感不降反升。由于独生子女和应试教育等因素，社会和家庭对孩子的成长和成才越来越关注、越来越焦虑，加上一些无良教育培训机构肆意炒作"不要让孩子输在起跑线上"观念，导致整个社会出现学前教育小学化、教育目标功利化、评价机制单一化的倾向。义务教育阶段最突出的问题是中小学学生负担太重，短视化、功利性问题没有根本解决。虽然国家强力实施"双减"政策，整顿教培机构，但家长们的焦虑感不减反增，学区房、课外补课热度不减，家庭经济负担和学生课业负担并未降低。高中生群体热衷于"985、211、双一流"院校。二是技能型人才缺口大，职业教育认可度低。职业教育的特色定位、技术技能人才培养的重要性尚未获得社会和家长的认可。对学生和家长而言，就读职业院校往往是迫不得已的选择。中等职业教育生源不足，流失率偏高。全国教育事业发展统计公报2021年数据显示，全国普通高中在校生总数2605.03万，中职在校生总数1311.81万，高中生与中职生之比约为2∶1，与国家"保持高中阶段职普比大体相当"的教育方针相去甚远。高职教育领域也存在优质教育资源过度集中的不均衡现象。"双高计划"包括了29个省份（青海、西藏无"双高计划"院校）的197个建设单位以及253个专业群。在197所"双高计划"院校中，山东、江苏、浙江、广东四个沿海省份共有64所，占比32%；在253个"双高计划"专业群中，山东、江苏、浙江、广东四个沿海省份共有86个，占比34%。普通高等教育领域存在学科、专业与产业对接不紧密，很多学生"毕业即失业"等问题。这不仅导致素质教育难以落地、教育资源浪费，也给未来的教育资源优化配置带来阻碍，严重削弱了教育改革发展成果，引起了强烈的社会反响。

（二）科技链服务战略和成果转化维度

1. 制造业创新能力依然较弱。与发达国家相比，我国制造业总体上仍处于全球价值链和产业链的中低端,在一些关键领域与世界先进水平甚至还有几十年的差距。关键基础材料、核心基础零部件、核心元器件、先进基础工艺等工业基础能力薄弱,关键核心技术短缺局面尚未从根本上改变。工信部对130多种关键基础材料的专题调研数据显示,国内尚未投产的占32%,高度依赖进口的高达52%。绝大多数计算机、服务器通用处理器95%的高端专用芯片、70%以上智能终端处理器以及绝大多数存储芯片还依赖进口。在装备制造领域,高档数控机床、高档装备仪器,在运载火箭、大飞机、航空发动机、汽车的关键精加工生产线上95%以上制造及检测设备都依靠进口。

2. 研究机构的成果质量总体上较为落后。在"找项目、出成果、过考核"的现实环境下,基础科学领域部分科研人员更愿意去做一些容易出论文、出成果的课题,对于难度较大、研究周期较长的基础性、独创性项目则不愿攻关,一定程度上导致了目前基础性研究产出高、质量低的局面。美国国家科学委员会(NSB)发布的《2018年度科学与工程指标报告》显示,2016年中国首次超过美国成为世界上发表论文最多的国家。中国的高被引论文比例逐年上升,已经超越了日本,但仍低于欧盟和美国。在反映原创性的"论文被国际同行引用的比例"方面,中国学者的论文呈现不断走低趋势。我国科研论文数量迅猛增长的同时一些外国媒体和机构戏称我们是"论文工厂"。医学领域更是问题频现,成为论文造假重灾区。截至2022年1月的半年间,国家卫健委累计通报了共13批310个医学科研诚信案件调查处理结果,其中144个涉及论文代写代投、论文及数据买卖,占总数的近一半。

3. 基础研究经费投入占比相对较低。我国基础研究投入占全社会研究与发展经费(R&D经费)比重刚刚突破6%,而美国、日本、韩国、瑞士、芬兰等世界公认的创新型国家,其基础研究投入占R&D支出的比例在15%—20%之间,可见差距很大。2020年美国国会提出一项未来5年向美国国家科学基金会额外拨付1000亿美元,其中很大一部分资金用于资助若干大学技术中心在10个关键领域的基础研究的新议案。德国自2018年起除原有高校科研经费外,每年额外投入3.85亿欧元专门资助精英大学开展科学研究。

4. 科技成果转化率与国外相比差距较大。世界知识产权组织(WIPO)2021年3月发布的报告显示,2020年全球专利申请量约为27.59万件。其中,中国以68720件专利申请量排名全球第一;美国的专利申请量则为59230件,排名第二。国家知识产权局 2022 年 12 月发布的《2022 年中国专利调查报告》显示，2022 年我国有效发明专利产业化率为 36.7%。2022 年 6 月的中国战略性新兴产业科技成果转化前景分析报告显示，中国前沿科技成果只有 10%—30% 被应用于实际生产中，能够真正形成产业的科技成果仅为其中的 20%。中国的科技成果转化率远低于美国和日本 80% 的水平，更不及德国、英国和法国 90% 的水平。作为农耕大国和人口大国，我国在种业、养殖业方面也不同程度存在产业链短板，在一些重点民生领域高度依赖进口。我国对大豆、鱼粉、玉米等饲料原料的需求巨大，而国内供给远远不够，每年均需要大量进口。在农业科技成果转化方面，我国每年约有 6000—7000 项农业科技成果面世，但成果的转化率仅为 30%—40%，而且农业科技成果转化的市场交易也不活跃、农业科技的创新主体普遍集中在高等院校和科研院所、涉农企业参与程度不高。"粮袋子""菜篮子"已成为乡村振兴战略的重点问题。

5. 市场上过度的无序竞争。一些企业盲目投资，大搞无序竞争。以芯片产业为例，自中美"芯战"拉开帷幕以来，国内芯片市场就一直处于"亢奋"状态。为了突破西方技术封锁、实现芯片自给自足，国家累计拿出 9700 多亿元进行产业扶持，并成立了世界级的芯片基地"东方芯港"。与此同时，企业界自发性的掀起了一场造芯浪潮。2021—2022 年期间，国内新增芯片企业的数量高达 2 万多家，其中不仅有阿里、腾讯这样的互联网巨头，也有原本从事房地产、水泥等业务的公司。然而，仅 2022 年，国内倒闭的芯片企业 5746 家，比起 2021 年的 3420 家，增加将近 68%。

6. 高校的科技服务含金量极低。为促进校企合作、产教融合，很多普通本科高校（应用型高校）、高职院校在教师岗位工作量文件中列入了科研服务（横向）项目的要求，全校理工科、文科、管理岗的教师都要开展"横向研究"。例如，某高职学院规定，自然科学与工程技术类横向科研项目单项到账经费 25 万元及以上的、人文社科类单项到账经费 15 万元及以上的，结题并取得相关的科研成果可视同市厅级项目；自然科学与工程技术类横向科研项目单项到账经费达到 50 万元及以上的、人文社科类单项到账经费达到 30 万元及以上的，结题并取得相关的科研成果可视同省部级项目。在核定工作量时，还区分"取得""未取得"省技术合同认定登记系统登记证明项目两类。事实上，其中一些自然科学与工程技术类项目和大部分人文社科类项目的含金量很低。

教师们积极操弄这种企业合作项目,所看中的不只是可以完成年终科研工作量,更重要的是可以"弯道超车"获得职称评定的重要支撑材料。与此同时,学校也收获了质量年报上"四技服务"的"政绩"数据,对项目的质量则是"睁一只眼,闭一只眼"。

(三)人才链引培机制和价值实现维度

1. 存在人才流失和人才浪费"双重"危机。多年来,国人对于高端人才流失痛心疾首。有些网友甚至认为清华、北大就是欧美发达国家的预科学校,是西方的人才基地。网友爆料称,清华大学的留学生,有81%留在了美国。当前,经济社会发展和人才短缺的矛盾极为突出,一些地方把人才这个"第一资源"当摆设,用非所长,导致人才资源被严重浪费。另外人才内卷严重,21万大学毕业生、7万硕士毕业生被迫选择送外卖。人才使用的问题还在于"人才远视症""重用女婿不用儿"的做法。有些地方引才只注重"墙外",而忽视"墙内",容易造成"墙内开花墙外香"的窘境。不注重培养国内人才,面对"卡脖子"等关键问题时,科技界、产业界一度出现"蜀中无大将,廖化作先锋"、劣币驱良币的现象。

2. 人才的引培与服务力度不够。首先,近年来各地在"抢人大战"中纷纷出台了一系列人才政策,重心都在吸引人才。"重引轻育"与服务管理滞后导致引进的人才出现"焯水"现象,即人才引进后培养难、留下更难的人才流失现象,进而引发创新平台出现人才更换频繁、人才凝聚作用不突出、难以形成科学的人才生态环境等问题。民营企业普遍存在人才难留的问题,"专精特新"企业更是呈现出高水平尖端人才短缺的情况。其次,多地出台了人才管理与服务的办法,但在政策体系中所占比重较小。并且,有关人才激励、服务管理等的各种政策分属于不同职能部门,体系上不够健全,操作流程往往过于繁琐,人才服务得不到兑现。最后,人才政策往往缺失对应用型技术技能人才的尊重。各地均重视对高学历、高技能、高支撑等高层次人才的引进,引进对象主要针对海外精英人才、领军型创业创新人才、高端精英管理人才、现代服务业高端人才、产业紧缺人才、社会事业高端人才、高技能领军人才。受学历、职称、荣誉、证书的限制,中级及中级以下技术技能人才所能享受的政策福利非常少。

3. 人才发展环境缺乏吸引力。多地最初的人才引进政策只是粗放性引进人才,主要用住房补贴、人才补贴等直观的经济形式吸引人才。随后几年各地人才政策在福利性优惠手段上日趋丰富,主要包括安居落户、子女入学、医疗健康、社会保障、行政审批、乐活乐享(旅游景点开通绿色通道等)。然而,人才自身发展需求更多依赖于城市发展环境,如城市内生的融资氛围、税收优惠、容错机会等。《中国城市人才吸引力排名：2022》显示,2021年最具人才吸引力50强城市中,东部地区有34个,中部地区有6个,西部地区有7个,东北地区有3个,分别占各区域城市总数的39.1%、7.5%、7.4%、8.8%。可见,高校应届毕业生和硕士及以上人才看重城市发展环境,倾向于一、二线城市,尤其是硕士及以上人才更倾向于一线城市。

三、"三链共融"的路径选择

教育、科技、人才是中国式现代化建设基础性、战略性支撑。现代化建设要靠强有力的科技支撑,科技创新离不开人才,人才来源于教育。因此,促进教育链、科技链、人才链"三链共融",实现政策供给、资源配置、统一市场、环境生态等要素齐聚,教育资源供给均衡化、科技服务产业高端化、人才价值结构最优化等协同有力,才能有效调节教育改革难点中的"南辕北辙"问题,才能有效化解科技创新痛点中的"舍本逐末"隐患,才能有效消除人才供需堵点中的"急脉缓受"现象,使现代化万里征程变坦途,使"中国梦"伟大理想成现实。

四、"三链共融"的策略建议

(一)聚焦"教育链"全方位拓宽资源要素供应链,匡正教育之辕,优化教育公平"生态链"

全社会尤其教育战线要坚持"以人民为中心""办好人民满意的教育"的发展思想,加快建设高质量教育体系,推进素质教育,促进教育公平,筑牢各级各类教育基础,为经济社会培养复合式创新型高素质人才,交上"钱学森之问""钱理群之忧"的完美答卷。在推进职普融通、产教融合、科教融汇等政策指导下,优化教育结构、学科专业结构、人才培养结构,造就创新型、复合型、应用型、技能型人才及其后备军,助力国家人才战略建设。

1. 落实政府责任,健全财政教育投入机制。不断稳固并加大财政性教育经费投入,形成与我国国家财力状况,经济社会发展水平相适应的教育投入。紧抓经济转型和产业升级的历史机遇期,基于教育的公平发展与均衡发展,从国家层面积极扶持,鼓励较落后地区迎难而上,通过对口帮扶等提升欠发达地区的教育状况，在全国范围内推进经济资源、人力资源、教育资源等诸多方面的高质量共同发展。

2. 优化教育资源配置，加快基础教育均衡发展。推进义务教育优质均衡发展再上新台阶，统筹城乡教育一体化发展，促进区域教育资源的协同共享。坚持学前教育普惠发展，坚持高中阶段教育多样化发展。完善覆盖全学段学生资助体系，加快推进幼儿园—小学—初中—高中及中职免费教育。加大教育整顿力度，推进双减落地落实、见行见效，将违反素质教育规定的教育机构和个人纳入"黑名单"。

3. 深化现代职教体系建设，提升职业教育的社会认同度。推进普通高中与中职学校学籍互转，深化职普融通。对接产业转型升级需求，进一步细化职业教育专业目录内容，理顺学科、专业大类、专业类、专业关系。贯通职业教育"中职—高职专科—高职本科—专硕—专博"升学通道，让职教毕业生既有专业技能，又有高学历。扩大本科层次职业教育，促进应用型高校转型，试点开展专业研究生培养。

4. 发挥高水平院校骨干作用，增强科技研发与应用力度。在基础研究、应用基础研究、应用研究等领域，促进高水平研究型大学及高水平职业院校与行业企业、科研院所的协同创新，加快科技研发、成果转化的进程。打造"高等学校产教融合公共服务平台"，探索建立更能体现产教融合办学导向的教育评价体系，激发企业参与职业教育的积极性。

5. 推进教育数字化转型，赋能学习型社会建设。深入实施教育数字化战略行动，将国家智慧教育平台打造成引领性的公共教育服务产品。主动拓展数字化生态版图，聚焦课程数字化及教学资源数字化，实施跨界知识融合共享工程，打造共生共赢、深度协同、绿色发展的教学生态共同体，助力数字化教育更多、更快、更好、更公平地惠及广大人民群众，赋能全民终身学习的学习型社会、学习型大国建设。

6. 推进落实更深层次的"破五唯"，提升教科研成果质量。教育界、科技界要不断优化人才评价机制，切实转变职称评审中的"唯论文""唯帽子"等现象，推进代表作和代表性成果制度；要加快推动科研高质量发展，强化过程性管理，多措并举提高科研成果质量；要加大《科研诚信案件调查处理规则（试行）》等文件的实施力度，对科研失信行为实行"一票否决"。在课题管理工作中，依据研究报告采纳情况、专利有效转化情况、实际成果应用情况、社会效益与经济效益情况，综合考量课题成效。实施第三方主导的横向课题研究不定期抽检制度，对专利转化应用的实效、到款额 5 万以上的横向项目开展重点监控，杜绝弄虚作假现象。

（二）紧扣"科技链"全过程对接成果转化产业链，夯实科技之本，深化科技应用"创新链"

充分把握新一轮科技革命与产业变革机遇，增强产业链、供应链自主可控能力。加强行业企业主导的"产学研"深度融合，营造有利于科技型中小微企业成长的良好环境，持续提升科技实力。结合完善人才战略布局、人力资源深度开发等举措，推动产业链、创新链、人才链、资金链深度融合，提高科技成果转化和产业化水平。实施关键核心技术攻关工程，尽快化解"卡脖子"问题，摘掉悬于中国人民头顶的"达摩克利斯之剑"。

1. 健全新型举国体制，优化科技创新体系。聚焦国家战略科技力量，强化科技创新资源配置，提升国家创新体系整体效能。对于风险高、投入高、技术门槛高、回报周期长的关键科技研发和成果转化，实施新型举国体制。推动国内大循环，畅通国内国际双循环，保障产业链、供应链安全稳定。拓展国际科技交流合作渠道，构建具有全球竞争力和影响力的科技创新生态环境，促进国内科技力量奋勇攀登世界科技巅峰。

2. 坚持独立自主，加快实施创新驱动发展战略。遵循"科技是第一生产力"的原则，坚持需求导向、问题导向，面向世界科技前沿、国家重大急迫需求、人民生命健康等重大重点领域，加快实施一批具有战略性、全局性、前瞻性的科技研究项目，集聚力量开展原创性、引领性科技攻关，将"卡脖子"清单细化为任务清单，将颠覆性的创新科技研究作为主攻方向，及早化解关键领域的"卡脖子"问题，切实增强我国发展的独立性、自主性、安全性。

3. 重视原始性创新能力提升，铸牢国家基础研究基石。将重大科学发现、技术发明、原理性主导技术研究，以及客观现象与事实的实验性和理论性研究等置于"十四五"规划及未来发展的重要地位，不断加强新兴交叉学科和科学前沿的新发现、新学说以及冷门学科研究。加强面向国家重大战略需求的原始创新性、实验性和理论性研究的支持力度及成果产出力度，加强新技术、新工艺、新产品、新材料"四新"研究与产品孵化。

4. 完善科研治理体系，强化"产学研用"多维融合。一是完善科技创新治理体系建设。建立健全符合科研规律的科技管理体制机制与技术市场导向的科技成果转移转化体系，并建立与之相适应的多维度综合考评体系，搭建低成本、广覆盖、高质量的公共服务体系，保障创新要素的自由流动。支持企业自主配置科研资源，建设研发机构和创新平台。二是探索新型"产学研用"深度融合创新模式。协同上中下游企业、高校和科研院所组建创新联合体，重点关注现代制造业、现代服务业、战略性新兴产业发展实际需求，聚焦集成电路、生物医药、人工智能等重点领域和关键环节，开展高价值创新性科技攻关。重视自主可控技术的研发与标准制定，加强基础研究和原始创新成果的知识产权保护，提升专利产品的"含金量"，促进产业和产品向价值链的中高端升级。

(三)围绕"人才链"全周期打造人力资源"服务链"，把准人才之脉，强化人尽其才价值链

人才资源是第一资源。经济学家普遍认为，影响企业发展的主要因素是资金资本、人力资源、市场环境、经营管理者及机制机遇，其中两个是"人"的因素。由此可见"人才是第一生产力"。人才具有稀缺性、独特性、不可复制性等特点。要想化解好人才结构不合理、人力资源浪费、人才布局不均衡等问题，就要注重人才引进和培育，建构有利于人才发展的环境，用好用活各类人才，"聚天下英才而用之"，形成一支规模宏大、素质优良、结构不断优化、作用日益突出的人才队伍。

1. 完善人才"引育"政策体系，提高人才自主培养质量。一是坚持"人才是创新之本"，实施积极的人才政策。不断调整人才市场要素、激励机制，以适合的政策吸引人才、留住人才，激发人才的高增值性和能动性。全面加大引进高质量人才的力度，鼓励回国人才为国效力、鼓励返乡人才引领乡村振兴。在子女入学、住房补贴、医疗保险、福利保障等方面实施人才"绿卡"制度。二是走好人才自主培养之路，提高人才供给自主可控能力。盘活人才存量，重视自主培养，着力造就多层次多样化人才和拔尖创新人才。加快干部人事制度改革，促进优秀人才脱颖而出"干事业"。

2. 推进结构化团队建设，弘扬当代科学家奋斗精神。"加快建设国家战略人才力量"，全面培育各类人才。建立稳定的基础研究队伍，强化核心领军人物、科研团队协作、科技资源配置等因素，打造国际水平的战略科技人才、科

技领军人才、创新研究人才团队，打造基础研究人才强链。积极弘扬"两弹一星"精神与"新时代北斗精神"，强化基础研究工作者的奉献意识，促进基础研究工作者甘于坐"冷板凳"、久久为功，"把论文写在祖国的大地上"。

3. 加强学习交流和培训提升，建立人才成长长效机制。强化政府、社会、行业企业、高校、科研院所的多方合作，形成"共研、共建、共享"的动态合作机制。完善科技人才流动机制，探索人才异地合作交流制度，加强不同地域、不同行业间人才的沟通、交流与联系，使不同学科、不同学术背景和不同学术思想的专家学者之间产生思想撞击，从而迸发出更多的研究灵感。加强国内外人才交流活动，支持高等院校和科研院所承办各类学术会议，鼓励开展跨行业、跨学科、跨专业的基础研究和原始创新学术交流，提升科技人才核心技术攻关能力。

4. 优化城市人才发展环境，解除人才后顾之忧。打造更具吸引力的人才服务环境，提供精准化便捷性的公共服务以及个性化服务。构筑企业服务生态圈，强化由社会资源、各类机构与组织、高成长企业多方参与的"双创"孵化器，为"双创"人才提供包括政策服务、金融服务、商城服务在内的多种精准服务。

五、结语

科技是第一生产力、人才是第一资源、创新是第一动力。教育、科技、人才"三链共融"，有利于更好服务"中华民族伟大复兴的战略全局""世界百年未有之大变局"两个大局。立足新时代，贯彻新要求、走好新征程，必须深刻把握好教育、科技、人才工作的重要意义、重大使命和内在联系、更好实现三者之间"三位一体"发展，推动深度融合，有机统一、协调联动、形成合力。

全省职业院校培植学生现代工匠精神的现状调查报告

梅加艳* 高业军**

摘 要

通过对江苏省职业院校学生现代工匠精神培植的现状调查，了解学生对工匠精神普遍认知偏低、课程设置薄弱、课堂教学模式需改进、校园文化宣传不够充分等现实表征，分析了其成因，从办学理念、课程设置、教育教学、校企合作、校园文化等几个维度提出培植对策和建议。

培植学生的现代工匠精神是新时代职业教育肩负的使命担当，工匠精神的内涵随着时代的变化被不断重新定义，工匠精神的培植也随着职业教育进入高质量发展的新阶段被不断创新实践。《新时代积极职业教育培植职校生现代工匠精神的实践研究》课题组开展对江苏省职业院校的调研，了解目前全省职业院校在制度机制、理念思想、课程设置、课堂教学、环境支持等方面培植学生工匠精神的现状，分析目前普遍遇到的困惑、问题及成因，提供培植学生现代工匠精神的有效对策和建议。

一、调查设计与数据来源

本调查报告数据来自江苏省职业技术教育学会2021—2022年度江苏职业教育研究重点课题《新时代积极职业教育培植职校生现代工匠精神的实践研究》课题组的调查。课题组在参考相关文献的基础上，编制了职业院校培植学生现

---

* 梅加艳，江苏省陶都中等专业学校语文高级讲师、民盟宜兴丁山一支部盟员。
** 高业军，江苏省陶都中等专业学校讲师。

代工匠精神的现状调研方案及问卷，运用在线问卷调查平台——问卷星将《新时代工匠精神培养现状的调查问卷（学生卷)》随机转发给全省职业院校在校学生。该课题组还根据访谈提纲采访了职业院校教师、毕业生和企业代表。本报告采用的有关数据，涉及到两部分内容：第一部分是职业院校在校学生的个人基本情况；第二部分是在校学生、教师、企业代表、毕业生对现代工匠精神的了解现状。共回收问卷 6092 份，其中有效问卷为 6092 份，回收的问卷有效率达到 100%。访谈对象中教师 11 人，企业代表 6 人，毕业生 24 人，共计 41 人。

二、培植学生现代工匠精神的现实表征

（一）学生希望在培植工匠精神教育方面得到政策支持和制度保障

对"您认为目前职业院校该如何培育学生的工匠精神"及"您更期待政府从哪些方面加强工匠精神培育"的调查显示，在涉及国家政策支持，政府深化改革，加强政策引领，建立健全社会保障体系，完善就业制度，学校转变人才培养模式和办学理念等方面，学生的期待比例均高于 80%。

（二）学生对工匠精神的认知总体偏低

分析问卷中"我认同'干一行，爱一行'的观点""工匠精神是各行各业都需要的精神""我认为工匠精神在今后的职业生涯中非常重要"的数据得出，学生或多或少对"工匠精神"有所了解，但对其内涵的理解不够。

（三）在工匠精神教育的课程设置方面还非常薄弱

在对 11 位职校教师的访谈中了解到，他们所在的学校均没有单独开设以工匠精神命名的课程。在接受访谈的 11 位教师中，10 位教师表示学校开设有与工匠精神教育相关的课程，其中 9 位教师认为思政课、学生社团课、语文课、现代学徒制相关校本课程、部分专业课和实训课均有渗透工匠精神教育的部分，只有 1 位教师明确表示该校开设了《劳动技术教育》这门与工匠精神教育相关的课程。

关于学校是否制定了工匠精神教育课程的教学大纲或类似材料，1 位教师表示该校工匠精神的教育已编制进人才培养方案，3 位教师表示学校每年都会举办类似的主题活动如传承工匠精神的演讲征文比赛，4 位教师明确表示学校还没有开展相关工作，3 位教师表示不清楚。

从上述访谈内容可以看出，大部分学校在工匠精神教育的课程设置方面还非常薄弱，具体表现为没有开设工匠精神相关课程，亟须督促职校制定工匠精神教育课程的教学大纲。

（四）培植工匠精神教育的课堂教学模式有待改进

1. 任课教师与教学方法。参与访谈的11位教师所在的职业学校多数没有工匠精神教育专职教师，大多依靠班主任、思政教师或专业课教师在德育管理过程中或课堂上渗透工匠精神教育。教师使用较多的教学方法是理实一体教学法和情景模拟法，让学生在实践中去发现、体验和感悟。在邀请劳模、英模、大国工匠进校园开设专题讲座中，经常使用讲授法、案例法和研讨式教学法。在调查问卷中对于"您更期待教师以什么形式讲述工匠精神？"的调查结果显示，选择"精彩而深入的理论讲述"的学生高达85.47%，选择"讲述生活中的实际案例"的学生有84.03%。

2. 评价方式与追踪评价。在选择评价方式时，首推实践活动评价，其次为等级评价与星级评价，然后是综合评价。在11位受访教师中，2位教师表示不清楚学校采用何种评价方式。参与访谈的所有教师均表示所在职校没有对学生在校期期间的工匠精神发展的进行过追踪评价。

3. 专职教师与专题培训。参与访谈的11位教师均表示所在学校目前没有工匠精神教育专职教师，基本上依靠班主任、思政教师或专业课教师在德育管理过程中或课堂上渗透工匠精神教育。访谈结果显示，目前没有学校开展教师提升工匠精神教育水平的专题培训，多数是在其他培训中渗透提升工匠精神的内容。

表1 教师访谈中对教学方法、评价方式、追踪评价、专职教师及培训的调查

项目 访谈教师	教学方法	评价方式	追踪评价	任课教师	是否培训
教师1	讲授式	无	无	外聘兼职教师	主要结合其他培训
教师2	理实一体	等级评定，星级评定	无	思政教师或班主任	有
教师3	情景模拟法	等级评定，星级评定	无	思政教师或班主任	有
教师4	理实一体	实践活动，综合评价	无	无专职教师	在各种培训中渗透

续表

项目 / 访谈教师	教学方法	评价方式	追踪评价	任课教师	是否培训
教师5	理实一体，社区式教学	实践活动	无	德育教师和管理人员	专业教师暑期下企业实践提升工匠精神培训
教师6	案例式	实践活动	无	思政教师，专业教师	无
教师7	情境模拟法	等级评定，星级评定	无	思政教师，班主任	有
教师8	理实一体，研讨式	实践活动，综合评价	不清楚	思政教师，专业教师	有
教师9	研讨式	综合评价	无	德育教师	无
教师10	理实一体	实践活动	不清楚	实训指导教师，德育教师，名师工作室领衔教师	线上校本培训
教师11	理实一体	不清楚	不清楚	班主任	无

（五）学校和教师对工匠精神的教育宣传力度不够

调查结果显示，对"我所在的学校设置实训场所、课外活动场所等工匠精神宣传区。"这一问题，认为完全符合的学生占53.81%；对"我所在的学校组织我们观看《大国工匠》《大国重器》《我在故宫修文物》等纪录片并召开工匠精神主题班会"这一问题，认为完全符合的学生占52.82%；对"教师在传授专业知识的同时，经常在教学中对我们进行'敬业、诚信'等教育"，这一问题，认为完全符合的学生占57.01%；对"我所在的学校实训课程会严格按照企业标准和规范来培养我们的工匠精神"，这一问题，认为完全符合的学生占55.83%。可见，学校和教师对工匠精神的认识和重视程度不够，亟须提高认识，加大教育宣传力度。

三、成因分析

（一）学生对工匠精神的认知偏差及学生先天问题

学生对于工匠精神的理解出现了一定的偏差。当下许多职业中专仅看重学生的就业率，对培养学生的工匠精神不够重视。职校生毕业以后目标直接而简单，就是找到一份工资报酬优厚的工作，他们对于工匠精神的内涵认识出现了很大的偏差。因此，职校生自然缺乏清晰的职业生涯规划，缺乏爱岗敬业的精神。众所周知，职校生是中考失利者，不可否认有部分学生学习动力不足，没有远大的理想和抱负，缺乏社会责任感和奉献精神。受优越的家庭条件或不良家庭教育的影响导致部分学生缺乏自理、自立能力，专业基本功不扎实，实干能力欠缺，缺乏解决问题的能力。这些也是与工匠精神背道而驰的。

（二）工匠精神融入课堂教学模式和方法比较单一

调查表明，职校生获取工匠精神的途径较少。不少职校按照传统方法，简单的对学生进行知识传授，多数学校没有工匠精神教育专职教师，缺乏以工匠精神命名的课程。很多教师认为学生的工匠精神培植属于德育工作范畴。职校生接受工匠精神教育的主要渠道仍是思政课教师在课堂上的讲解和学校橱窗展示宣传工匠精神的相关内容。问卷调查表明，职业院校培养学生工匠精神模式和方法较为单一，氛围不够浓厚，全方位、广渠道培育学生的工匠精神的工作没有落实到位。职校学生不能深刻理解到底工匠精神重要在哪，如何才能真正拥有工匠精神，造成了学生走上工作岗位后不能适应当前社会快速发展的需要。

（三）校企合作广度与深度不够，企业文化职业精神对在校生的熏陶力度有限

当下，许多职业院校特别重视产教融合、校企合作，也探索出了一些行之有效的方法。学生在学校学习了专业知识，在企业又接受了企业职业精神的熏陶，校企深度融合，很好的达成了育人的目的。可是许多企业更喜欢参与占据主动权的合作项目，如顶岗实习、企业的真实生产等，对于以学生为主体的项目，如企业派专家到学校授课、企业和学校合作开发校本教材等合作积极性不高。可以说企业喜欢的合作模式基本上都是从自身利益出发，合作层次较浅，合作动机较功利。绝大学数企业缺乏从整体上推动培养职校生成人成才的社会责任感。真正引领工匠精神的校企合作还有很长的一段路要走。

（四）校园文化在推动工匠精神培育中影响不够

校园文化在职业教育中非常重要，它对于丰富师生生活、处理人际关系、塑造师生人格起着重要的作用。目前，大多数职业院校在文化建设过程中创新

点比较少，在校园文化体系中缺少优秀的校园文化活动项目，缺乏工匠精神，针对不同专业的学生塑造其工匠精神时缺少个性化内涵，在建设校园文化时，没有对工匠精神做系统的规划，使校园文化在工匠精神培育过程中流于形式，没有使学生对工匠精神入脑入心，没有充分发挥积极的导向作用。

四、对策与建议

（一）继续完善工匠精神培育政策，更新现代工匠精神培育理念

政府应在培育现代工匠精神方面加强政策引领和支持，完善社会保障体系和就业制度，不断提高技术人员社会地位。职业院校应将工匠精神融入教育教学体系，转变人才培养模式和办学理念，推进现代学徒制改革，通过师徒传授培养工匠精神。深化校企合作，优化企业实习安排，让学生在工作中固化工匠精神。

（二）科学制定工匠精神教育课程教学大纲，开发利用校本教材

职业院校应科学合理制定工匠精神教育课程的教学大纲，优化人才培养方案，要整合文化课程资源，在专业教育过程中形成独特的专业文化，要重视校本教材的开发利用，根据学校专业设置开发工匠精神教育的校本教材。学校实训课程要严格按照企业标准和规范来培养工匠精神。

（三）在专业课、实训实习课中培育工匠精神

《教育部办公厅关于加强和改进新时代中等职业学校德育工作的意见》（教职成厅〔2019〕7号）指出：培育弘扬劳动精神、劳模精神和工匠精神，以实习实训课为主要载体进行劳动精神、劳模精神、工匠精神专题教育。在专业理论课中加强渗透工匠精神，在专业实训行为规则中细化工匠精神，在专业理论课堂上，教师应注重讲述生活中的实际案例来渗透工匠精神教育。学校可以将工匠精神教育分解细化为实训教学行为规范，组织学生在每次实训前认真学习，这样，学生才能做到思想上真重视，行动上真落实；教师在教育教学过程中，要主动发掘教材中有关工匠精神的素材，将工匠精神巧妙融入课程教学。如在"景泰蓝的制作"教学过程中，教师通过引导学生抓住"精细""细致"等关键词，让学生感受追求极致的工匠精神；建立关于工匠精神评价与追踪机制。学校应重视积极性评价、过程性评价、第三方评价，建立教师、家长、企业参与的多主体评价机制。在实践教学中，引入企业兼职教师的评价，真实客观地反映学生在工作岗位中的表现。

（四）校园文化环境中融入工匠精神，不断扩大工匠精神影响力

通过常规管理教育活动渗透工匠精神，如组织校园卫生大扫除，让学生感受到一丝不苟的劳动质量对人的身心健康会产生积极的影响。在新生军训期间通过强化寄宿生的内务训练，召开工匠精神主题班会等活动，培养学生坚韧不拔的意志品质；在实训场所、课外活动场所设置工匠精神宣传区，宣传优秀企业文化。利用校园网、公众号等新媒体平台宣传工匠精神。精心组织专业认知教育，帮助新生迅速调整心态，明确学习目标，为传承工匠精神奠定坚实的基础；开展专题讲座，组织学生观看《大国工匠》及央视《榜样》影视作品；开展工匠精神专题读书活动及创新创业大赛，建立大师、名师工作室，培养"匠心独具"的教师队伍。通过以上举措传承和弘扬工匠精神，培养学生创新意识和创新能力。

将工匠精神培育融入教育教学顺应了社会发展对工匠精神的呼唤，有利于增强课堂实效性和针对性，有利于学校人才全面发展，增强学校的软实力；有利于培养学生的职业素养，增强学生服务社会的能力。职业院校可以通过开发校本教材传承匠心精神，在实践教学中渗透工匠精神，在专业课和实训实习中培育职业技能，在校园文化建设中厚植工匠文化。学生在以后的工作和学习中自觉培育工匠精神，发扬工匠精神将大有裨益，受益终身。

着力推进职普融通，拓宽学生成才通道

施建国[*]

摘　要

职普融通意义重大，党和国家高度重视。当前职普融通存在横向融通"单向奔赴"、纵向融通障碍重重等瓶颈。本文建议制度化推进中小学学生职业启蒙教育，大幅增加本科教育对中高职学生升学资源供给，改革中高职学生升本招录办法，出台江苏职普融通促进条例，着力推动职普融通，打通学生成才通道。

一、职普融通势在必行

职普融通，指职业教育与普通教育两种教育类型之间的相互融通，旨在打破教育系统内部壁垒，实现两类教育资源共享、教育模式协同、教育成果互认，是建设现代化高质量国民教育体系的重要途径。健全普职教育融合体系，是优化教育结构的必然之举，对建设教育强国、科技强国、人才强国意义重大。

近年来，党和国家高度重视职业教育，先后出台了一系列深化职普融通改革的政策法规。党的二十大报告指出："统筹职业教育、高等教育、继续教育协同创新，推进职普融通、产教融合、科教融汇，优化职业教育类型定位。"中共中央办公厅、国务院办公厅2022年印发的《关于深化现代职业教育体系建设改革的意见》指出："建立健全多形式衔接、多通道成长、可持续发展的梯度职业教育和培训体系，推动职普协调发展、相互融通，让不同禀赋和需要的学生能够多次选择、多样化成才。"我国职业教育法规定，职业教育是国民教育体系

---

[*] 施建国，江苏省南通中等专业学校高级教师、民盟南通中专支部宣传委员。

和人力资源开发的重要组成部分，是培养多样化人才、传承技术技能、促进就业创业的重要途径。"国民教育"和"人力资源开发"的双重职责决定了职业教育必须与普通教育相互融通，相互促进。

二、职普融通存在瓶颈

（一）横向融通：单向奔赴

职普融通包括横向融通和纵向融通。横向融通，主要是指同一层次的职业教育与普通教育之间的融通。在推动横向融通方面，江苏已经在中等职业教育和普通高中教育之间，以筹办综合高中的方式进行了实践。这种综合高中的筹办主体一般为中等职业学校，学生在高一时学习普通高中的课程，高二时经考核，成绩优秀者获得普通高中学籍，具有参加普通高考的资格；其余学生获中职学籍，接受职业教育，可参加职教高考。这种融通实际上是将一小部分中职生转化为普高生，而这一部分被转入普高的学生在普通高考中显然没有竞争优势，普通高中不愿"矮化"自己主动与中职学校"融通"。因此，综合高中，往往只是中职教育对普高教育的"单向奔赴"。

而高等教育的职普横向融通，目前尚处于研究探索阶段。2023年全国增加了50万个本科名额用于向中、高职院校招生。但这种本科被确定为高职本科或应用型本科，与普通本科分属不同的序列，相互之间几乎不存在课程互学、师资互派、学分互认、学籍互转等融通。

（二）纵向融通：壁垒森严

职普纵向融通是指不同层次的职业教育与普通教育之间的相互渗透、融合。目前江苏做得比较好的是中、高职院校协助开展中小学生职业体验和职业启蒙教育，出台了加强中小学职业体验教育的指导意见，认定了一批省、市级中小学职业体验中心，推进职业院校资源面向基础教育全面开放，提升了中小学综合实践活动课程、劳动与技术课程等的实施水平。但这种融通只是片段式、临时性的，很多时候是中、高职院校招生宣传的一种变通方式。

目前，中、高职教育与普通本科教育之间的纵向融通依然壁垒森严。据有关部门对建筑、机械、计算机、财会等16个热门科目组的统计，2022年江苏中职职教高考本科录取率仅为11.48%。专转本考试录取率相对较高，但报名参考人数占比较低，实际进入本科院校学习的人数并不很多。而且，通过职教高考录取的多为应用型本科，与普通本科之间的纵向融合更少。

三、职普融通推进策略

（一）制度化推进中小学生职业启蒙教育

中小学生职业启蒙教育关乎孩子们对社会、对职业、对人生的认知和态度。建议江苏省全面启动中小学生职业启蒙教育规划制定工作，整合中小学和职业院校教育资源，明确中小学职业启蒙教育的目标、内容、路径、步骤、考核办法等，让职业院校更好发挥师资、设备、场地等方面的优势，更多参与中小学生社会实践教育、劳动教育、科技教育、生涯规划教育等，将中小学职业启蒙教育落到实处，从中小学抓起，逐渐改变社会重"普"轻"职"的传统观念，帮助孩子们从小树立起劳动光荣、技能宝贵、创造伟大的新时代新观念，为建设技能型、创新型社会打下坚实的基础。

（二）大幅增加本科教育对中、高职学生升学资源供给

职业教育既要服务日新月异的产业发展，也要满足人民群众日益增长的接受更高层次和更高质量教育的需求。在推进中国式现代化的征程上，产业不断升级，企业对更高水平技术技能的需求与日俱增；随着生活水平的不断提高，人民群众对更高层次教育的需求也日益迫切。目前，在制造业发展走在全国前列的江苏，其中职院校毕业生的技能水平已经很难适应企业的需求，人民群众也不再满足于仅仅接受中职教育。当前，中职学生的成才通道仍然主要靠升学。要拓宽中职学生的成才通道，就要增加职教本科和专科的招生数量。同样，高职生升入本科学习的动力和愿望也比以往任何时候都要强烈。增加本科教育资源供给、拓宽中、高职学生升入本科学习的通道已成为当下江苏促进经济社会发展、满足人民群众日益增长的对美好生活向往的重要途径。增加本科教育资源可通过挖掘本科院校潜力和将部分专科院校升格为本科院校来实现。

（三）改革调整中、高职学生升本招录办法

目前，江苏主要招录方式为中职职教高考、专转本考试、"3+3"中本衔接项目、"3+2"专本衔接项目和"5+2"专本衔接项目。中职职教高考制度相对较为完善，但本科录取率低。专转本考试考的英语阻碍了不少英语成绩相对较差考生。本文建议考人文素养和专业课，同时将应用型本科学士学位获取条件中英语四级的要求改为人文素养等级要求。"3+3"中本衔接项目和"5+2"专本衔接项目今年的录取分数线定在当地四星级高中的录取分数线上，这就使这些项目基本失去了存在的意义。试想，能被四星级高中录取的学生有谁会

选择上职业学校呢？建议由本科院校与中职院校根据当时当地中考实际情况确定录取分数线择优录取，同时加强本科院校与中职院校在衔接项目学生培养过程中的对接、融合，用更为明确的专业学习方向和一体化衔接保障衔接项目人才培养的精准性和高质量。

（四）适时出台江苏职普融通促进条例

国家近年来密集出台多份文件，既在顶层设计上明确了职普融通的重要性，也在基层实践上保证了职普融通的方向。高等教育层面的职普融通不是政策以前的侧重点，党的二十大首次提出"统筹职业教育、高等教育、继续教育协同创新"的方针，为推动更高层次、更深程度职普融通提供了政策依据和行动路径。江苏社会经济的高速度、高品质发展和人民群众日益增长的对美好生活的向往，呼唤着江苏职普融通的更高层次、更深程度推进。本文建议省政府、省人大牵头，联合教育、人社、财政、工信、科技等部门深入开展调查研究，摸清情况，明确方向，聚焦重点，出台江苏职普融通促进条例和实施方案，整合各方资源，调动各方积极性，更好推动江苏职普融通更高层次、更深程度发展，更好服务中国式现代化江苏新实践，更好满足人民群众对更高层次、更高质量教育的热切需求。

强力突破　协同推进　打造高地
促进教育、科技、人才有机融合

民盟徐州市委员会[*]

摘　要

教育是基石，科技是动力，人才是主体。目前教育科技人才支撑高质量发展的困境包括全球变局影响环境稳定，现代化强国建设需求亟须弥合；教育模式限制后端发力，纵深化多元培育平台亟须打造；人才结构凸显发展短板，高精尖队伍引领能力亟须加强；创新效能存在体系弊端，卡脖子技术战略攻关亟须突破。建议要坚持自立自强，筑牢国家强盛根基；丰富教育资源，健全协同育人机制；延伸培养周期，搭建观测引导体系；聚焦发展前沿，充实科学思维素养；挖掘复合人才，激发塔尖学者动能；优化顶层设计，明确科研努力方向；撬动战略支点，开辟全球创新高地。

党的二十大报告指出，教育、科技、人才是全面建设社会主义现代化国家的基础性、战略性支撑。推动高质量发展，根本出路在创新，教育是基石，科技是动力，人才是主体。教育、科技、人才三者是互为核心又互为补充的整体，唯有有效融合，充分发挥合力优势，才能满足现代化强国建设需求，把握我国在世界演变格局中的科技主权。

---

[*] 执笔人：高青，徐州市教育科学研究院院长助理、"学讲办"主任、副教授，徐州市政协常委，民盟徐州市委会副主委。

一、教育科技人才支撑高质量发展的困境

（一）全球变局影响环境稳定，现代化强国建设需求亟须弥合

地缘政治冲突频起和全球疫情延续，使我国内外环境的不确定性增加。对外技术依赖度较高，如江苏专利总量的70%集中在传统产业和外围技术，高新技术产业整体对外技术依存度高达65%（发达国家平均为2%），集成电路芯片制造设备的80%、工业机器人关键器件的80%、高精密减速器的75%、汽车关键设备的70%依赖进口。以美国为代表的部分西方国家对中国的半导体、5G等高端技术进行打压，严重影响了相关产业的稳步发展。

（二）教育模式限制后端发力，纵深化多元培育平台亟须打造

当下我国的教育模式忽略了中小学科学教育的启迪作用。教育模式的理念架构与科研人才培养逻辑仍有一定出入，导致人才发展缺乏韧劲。随着互联网的普及渗透，知识储备水平重要性的下降，思维能力和科学素养的重要性显著提升。因此，作为培育优质人才、建设人才队伍的基础工程，要拉伸人才的培养观察周期，多维化增加学生科研实践机会，多元化拓展学生研究视野，纵深化打造教育培育平台。

（三）人才结构凸显发展短板，高精尖队伍引领能力亟须加强

当前，我国科技人才总量庞大，素质逐年提升，但严重缺乏世界一流的高层次人才。人才学科结构与时代发展脱节，新兴学科发展空间受到传统学科挤压，其人才培育与资源配置较之传统学科存在明显劣势。社会需求变化与复合型创新人才不足的矛盾日益凸显。如我省人才总量1400万，工程师总量已达13.5万人，但高精尖人才供给不足，"十四五"期间重点发展的数字经济、人工智能、集成电路等产业不仅缺乏领军人才和团队，也尚未形成人才集群，16个先进制造集群中存在近400项技术短板。因此，国家要布局精英化卓越人才培养，打造高精尖科研创新队伍，加强塔尖人才引领作用。

（四）创新效能存在体系弊端，卡脖子技术战略攻关亟须突破

当前，由于我国科技资源配置侧重于人才链条顶端，青年科技人才受学历、资历、职称层级等限制缺乏机会，出现了赢者通吃与创新效率降低现象。同时，人才评价标准同质化严重，缺乏多元化的综合评价体系，过度强调论文、项目等短期量化成果的创新激励机制，容易导致"短平快""跟风式"研究问题，难以形成突破性创新成果。尽管科研产出规模不断扩大，但其研究开发难以做

到以需求、应用和市场为导向。如江苏省2022年专利授权总量超56万件，但知识产权转化率仅为3%，全省仅签订技术合同8.74万项。因此，创新是高质量发展的引擎和基础，要激发其活力，实现产学研结合，加快创新成果转移转化，突破卡脖子技术难题。

二、促进教育科技人才有机融合的建议举措

（一）坚持自立自强，筑牢国家强盛根基

基础研究是创新链的源头，江苏要深耕事关全局的基础核心领域，厘清"卡脖子"问题的基础理论和技术原理，以基础研究驱动社会生产力的持续发展。聚焦国家重大需求，坚持并突出原始创新的重要性，全力攻克关键核心技术，通过自主创新打破美国等西方国家的高端技术封锁，实现关键核心技术的自主可控。政府要鼓励科研人才在前沿性科研领域和"卡脖子"技术领域发现新问题、解决新问题，创造出更多拥有自主知识产权的先进核心技术，实现从中国制造到中国创造的蜕变。

（二）丰富教育资源，健全协同育人机制

要统筹实施科教兴国、人才强国、创新驱动战略，以教育赋能科技创新人才培养。数字化赋能现代教育，网络化推进科学教育多元化，构建线上、线下多维教育培育平台。引导教学模式改革，积极探索互动式、引导式的开放型课堂教学，因材施教保护学生的创新特质，激发学生的自主探索意识，培养其批判性思维。培养青少年成为科技创新人才后备军，有效统筹校内科学教育课程设计、校外科技创新资源衔接。通过推进高水平科研创新成果与科学教育的转化机制建设，加强各类高校、科研组织对创新培育类课程体系建设的支持力度，从而驱动中小学建立健全科技创新后备人才培养体系，鼓励退休科研人员和科学教育教师参与基础教育阶段的科学教育，有机整合的多方之力，协同提升青少年科学素养。

（三）延伸培养周期，搭建观测引导体系

将科学创新教育纳入基础教育各个阶段，夯实科技人才培育根基，高度重视基础教育和高等教育的衔接，强调培养学生运用跨学科知识思考、实践及解决问题的能力，这些举措对从根源上弥补我国创新人才培养短板、丰富高水平科技人才储备库具有根本意义。建立健全科学教育培育质量评价体系和青少年科学素质监测评估机制。通过搭建科学教育动态监测平台及数据库，进而制定并实施科技后备人才培养追踪计划。客观评估科学教育效果，及时发现科学教育的培养体系缺陷和资源配置问题并不断优化，从根源上强化建设现代化科技强国的人才培育基础。

（四）聚焦发展前沿，充实科学思维素养

一是要直面全球科技进步方向和产业变革趋势，以市场发展需求为导向，改革高等教育学科结构，进一步促进学科专业融合发展，鼓励探索多样化的学科专业融合发展路径，提供有针对性的政策倾斜和资源支持。二是完善全链条立体化的科研培养模式，系统设计不同学科专业的"本研贯通"一体化人才培养方案，探索构建长周期培养体系和机制，打造本科专业知识和研究生学科知识一体化建设的多学科交叉人才培养模式，将科研与教学的关系、学科建设与专业建设间的关系由离散式变为聚合式，实现相互促进和支撑。三是通过科学思维能力训练和科技伦理意识培植，引导学生树立严谨认真、独立思考、坚持真理、敢于质疑的科学精神和科技强国的爱国精神，真正实现"科教融汇"。

（五）挖掘复合人才，激发塔尖学者动能

交叉学科成为新的时代发展动力，复合型人才的培养成为创新性解决重要科学问题和突破关键核心技术壁垒的迫切需求。一是要改变传统金字塔型人才结构，使人才纵向流动和横向流动更加便捷，灵活设置并细化学科专业，加强不同专业之间的交流与合作力度，以多学科交叉融合发展为复合型创新人才培养赋能。二是立足于交叉学科的研究前沿，培养一批具有顶尖科研能力的世界一流科技人才，造就一批跻身世界高水平科技人才行列的学术带头人，做大做强人才队伍"塔尖"，持续以塔尖学者的"智库之智"赋能科技创新高质量发展，充分发挥其在科研难题攻关、战略规划咨询、学科调整优化和创新人才培育中的重要作用，带动人才队伍整体创新能力提升和全面协调发展。

（六）优化顶层设计，明确科研努力方向

一是坚持破除制约科技创新的制度障碍，遵循人才培养规律和科研创新规律，优化科技创新体系顶层设计。二是构建科学合理的资源分配体系奖励激励体系，促进创新人才培育的良性循环，持续增强人才政策的正向激励效应。三是健全完善以创新价值、能力、贡献为导向的多元化科研人才综合评价体系，建立人尽其才的科技人才管理制度。四是科学、合理地设置职称层级、学历水平、论文数量、人才"帽子"、科研价值等指标在科研评价体系中所占比重，创建公平公正的科研竞争机制，强调科研贡献与科技创新价值。延长评价周期，侧重考察科研潜力，培养更多具有"冷板凳"精神的科研人才，引导其潜心从事科研难度高、投资周期长的基础研究项目。

（七）撬动战略支点，开辟全球创新高地

一是形成紧密的"科研–产业"创新联合体，推进产业链、创新链"双链融合"，促进构建以市场需求引领科研方向、以科研成果赋能经济高质量发展的"产学研"协同机制。二是以推动重大科技项目为抓手，着力促进成果产业化，强化科技创新与成果应用的高效对接，打通应用基础研究"直通"产业链的快车道。三是全力建设具有中国特色的高水平人才中心和全球创新高地，打造以全球一流科学家、青年拔尖科技人才等"塔尖"学者为引领的科研互动平台，促进各领域、各层级国际人才之间的科学思想交流，促进科技人才成长。四是创设支持中国高质量发展、畅通人才流动的具备全球竞争力的人才激励体系和人才保障制度，拓展引才渠道，大力集聚高层次高水平人才，助力中国式现代化建设。

"五大发展理念"引领下中职教师专业发展的途径和策略

——以江苏省为例

刘 蓓[*]

摘 要

在一系列中央政策引领下，本项目组对江苏省中职教师队伍专业发展现状进行调研，提出了中职教师专业发展的六种途径及相关策略，同时对部分难点问题进行了讨论和思考。

党的二十大报告提出"要加快建设国家战略人才力量，努力培养造就更多大师、战略科学家、一流科技领军人才和创新团队、青年科技人才、卓越工程师、大国工匠、高技能人才"。职业教育是现代化教育体系的重要组成部分，是培养技能型人才的重要途径，与普通教育具有同等重要地位。近年来，党和国家先后出台了《国家职业教育改革实施方案》《职业教育提质培优行动计划（2020—2023年）》《关于推动现代职业教育高质量发展的意见》《关于开展职业教育教师队伍能力提升行动的通知》等一系列文件，强调要加强职业教育教师队伍建设，促进职业教育高质量发展。中职教师综合素质培养与提高也日益成为学术界关注的热点问题。

一、中职教师专业发展是一个涵盖多个方面的过程，指在提高教师的教育教学能力，专业素养和职业发展水平

中职教师需要不断学习和提升自己的能力，以更好地适应职业教育的发展

---

[*] 刘蓓，江苏省连云港中等专业学校高级讲师。

需求。同时，学校和社会也应该为教师提供更多的发展机会和资源。

表1 中职教师专业发展问题梳理

维度	存在问题	现象
教师层面	教科研能力薄弱	论文、编著、课题、公开课等参与率低，功利心高
	企业实践匮乏	30%的专业课教师及90%的公共基础课教师从未参与企业实践
	技术发明创新薄弱	90%的名优教师没有技术发明创新项目，重视度不足
	校企合作与课程开发受限	由于缺乏企业实践从而无法设计有针对性课程
	信息化教学水平不高	教师信息素养跟不上信息技术的发展速度
	教学能力与发展需求不适应	大多数中职教师的教育教学知识、学科专业知识、实践知识与实践能力无法满足当下学生的学习需求
学校层面	名优教师及技能大师数量偏少	获市级以上综合性荣誉称号的教师较少，名优教师分布不均，极度缺乏技能大师
	名优教师专业发展停滞	缺乏动态管理机制，缺少目标定位，容易"原地踏步"
	教师专业发展考核内容与职业教育要求相脱离	学校对名优教师的考核集中在论文、课题、讲座、公开课、老带新等方面，对于班主任工作、教学竞赛、企业实践、技能创新、辅导学生、产学研等方面涉及较少
	缺乏教师专业发展的氛围	专业技能课教师教学超负荷现象严重、社会对职业学校教师存在偏见，教师对职业教育的认同感和归属感不强
	教师管理体制尚待理顺	教师补充渠道单一，兼职教师政策不到位，适应教育改革要求的新的学校用人机制尚未形成行间距前后一致
教育管理部门层面	缺乏严格的中职教师准入制度	重学历、轻实践、重理论、轻能力
	培训体系不完善	专业性、针对性不足
	缺乏对"双师型"教师的认定标准	对"双师型"教师的内涵理解尚未形成定论，这在一定程度上造成了"双师型"教师专业标准的认知比较松散和模糊，影响了整个教师群体的素质水平。

二、中职教师专业发展的途径和策略

（一）校企结合——中职教师在实践中发展

校企联合、走进企业是中职教师专业发展的一个重要途径。随着现代科技的迅猛发展，新理论、新设备、新材料、新工艺、新流程、新规范不断涌现，中职教师的素质呈现动态变化。校企合作是改善教师知识结构，提其高实践能力的一种有效途径。

在进入职业教育教学事业之后，教师便开启了贯穿其职业生涯的专业发展历程。在知识、技术的快速迭代的情况下，一方面，教师要通过到普通高校攻读学位，参加各种形式的培训班和学术会议，拓展理论视野，加强专业素养；另一方面，企业是教师专业发展的另一个重要途径，技能的娴熟需要现场工作经验的支持，这种经验积累对教师专业发展的意义更大。

为更好的推动校企合作，首先要完善制度建设并明确各方责任；其次要引导教师充分参与到专业发展计划中来，如出校进企、引企入校、融入实验实训室工作等。

(二) 自我反思——在与自我对话中发展

中职教师的反思集中在两个方面：一是对中职教育的特殊性的反思，解决中职教育与基础教育和高中教育不加区分的问题；二是对中职教育人才培养过程的实践性要求的反思，主要解决中职教育中缺少实践操作训练不足的问题。在专业发展上，主要通过如下途径提升中职教师的自我反思能力：

一是培养和形成教师独立的人格。一方面教师只有具备独立性、自主性和创造性，才能深刻地把握教学内容的内涵，从而获得有个性的结论；另一方面教师的独立人格对于学生具有潜移默化的影响，是学生形成独立人格和创造精神的重要引导因素。因此教师是否具有独立人格，是中职教改能否落到实处的关键。二是树立中职教学中教师的学生意识。教师要真正把握中职教改的理念。教师的学生意识是中职教改的重要理念之一，主要指教师在教育教学过程中，对学生的认知、情感、需求等方面的关注和重视。这种意识体现了教师对学生的尊重和理解也是实现有效教学和提升综合素质的关键。

(三) 构建学习共同体——在与他人对话中发展

伴随着社会的发展，不仅不同行业之间的联系更为密切，相同行业的不同岗位之间的合作与整合也成为一种趋势。合作精神、协同意识成为教育工作的基本要求。构建中职教师学习共同体有如下途径和策略：

一是根据具体目标，对承担相同或不同课程的教学和科研人员进行整合、建立团队。人员构成要具有丰富性和合理性。二是促进相同和不同学科教师之间的联系沟通，提高教师的业务能力。

(四) 机制驱动——在环境激励中发展

一是制定师资建设中长期规划。二是构建完善的教学质量监控体系和运行机制。三是构建"教师定期服务企业"的中职教师企业实践制度。四是建立健全教科研奖励机制。五是完善教师考核评价机制。

三、讨论与思考

（一）关于"双师型"标准

"双师型"教师在国家发布的相关文件中具有非常重要的地位。"2019年的职教二十条"中提出，将标准化建设作为统领职业教育发展的突破口；完善教育教学相关标准；发挥标准在职业教育质量提升中的基础性作用；多措并举打造"双师型"教师队伍。在中国职教领域，"双师型"教师是一种独具中国特色的，对高素质职业教育教师的定位和指称。当前，由于对于"双师型"教师的内涵理解尚未形成定论这就导致"双师型"教师的认知比较分散和模糊。而在国家层面，又没有提出一个规范的专业发展的路径。这就造成，"双师型"教师的专业发展缺乏衡量体系，使这个群体中成员的素质表现出良莠不齐的特点。职业教育教师专业能力标准的构建，无疑是促进职教教师专业能力发展的核心变量和重要前提。

建议通过构建"双师型"教师专业标准，探索"双师型"教师认证方法，如《"双师型"教师专业标准内容构架》《"双师型"教师培养认定办法》，为职业教育教师的专业发展提供一种依据和导向。

（二）关于课程开发能力

从区域经济大发展角度看，当前中职院校的课程结构不能满足产业发展的要求。由于产业结构是动态变化的，导致社会岗位是变化的，因而职业教育的课程结构必须是动态变化的，这就必然要求中职教师在课程实践中具有课程开发的能力，能够根据岗位能力需求的变化，对课程内容甚至课程本身进行调整，但是否需要对中职教育中课程设置与能力培养做对应的机制研究，则需要另做单独的调研论证。

基础教育在拔尖创新人才培养中要有更多的担当

蔡光磊[*]

摘　要

　　培养拔尖创新人才是新时代教育工作的重要使命。拔尖创新人才是指各个领域，特别是科学技术和管理领域，具备强烈的事业心、社会责任感以及创新精神和能力的带头人和杰出人才。一方面，基础教育要突破体制范围，在维系现有体系和教学计划总体不变的前提下，通过加强教师培养、创新课程实施、优化教学方式、开展评价改革等方式，寻求扩大拔尖创新人才培养的操作空间；另一方面，基础教育必须建构培养体系，在不戕害学生健康成长与创新意识的前提下，通过学制创新、学程重构、学历淡化、学级自主的方式，最大限度让每个个体发出其独特的光彩。

　　培养拔尖创新人才是近代以来中国教育最重要的一个任务。二十世纪初，中国的工科拔尖人才都来自学成归来的海外流学生群体。新中国成立后，拔尖创新人才培养一直处在探索之中。例如，1978年的中科大少年班；1985年北京等省市创办的中学超常儿童实验班；2009年教育部推出的"拔尖计划"及教育部和中国科协联合推出的"英才计划"；2010年开始陆续批准开设的拔尖创新人才培养试点学校等。党的二十大报告指出："全面提高人才自主培养质量，着力造就拔尖创新人才，聚天下英才而用之。"培养造就拔尖创新人才不仅是新时

---

[*] 蔡光磊，宿迁市第一高级中学副校长、宿迁经济技术开发区教育工作办公室副主任（挂职），宿迁市政协委员，民盟宿迁市中教总支主委、民盟宿迁市委委员。

期国家教育发展方针和战略目标,更是适应时代特点和与时俱进的要求,意义重大。基础教育是教育金字塔体系的底座,从科学教育的角度看,拔尖创新人才所必备的许多品质,必须由基础教育来培养。然而在连续两年的清华大学"丘成桐数学科学领军人才培养计划"招生中,丘成桐教授发现顶尖的初三学生反而比顶尖的高中学生表现得更好些,并且越接近高三,学生的表现越平庸,这是需要引起基础教育注意的现象。

基础教育阶段应该积极探索建立培养拔尖创新人才的机制和模式,在初、高中阶段发现并系统培养好苗子,与高等教育接轨构成一个符合人才成长规律的完整的人才培育链。当前,各行业对人才的渴望日益迫切,中华民族的伟大复兴更离不开人才的支撑与推动,因此基础教育在拔尖创新人才培养中要有更多的担当。

一、体制范围需要突破,在维系现有教学体系和教学计划总体不变的前提下,通过加强教师培养、创新课程实施、优化教学方式、开展评价改革等方式,寻求扩大拔尖创新人才培养的操作空间

基于现有基础教育体制,在学习任务占据学生绝大部分时间的前提下,学校要努力进行局部优化,指向创新制订培养计划,营造创新型人才的前期培育氛围,促进学生潜在能力的养成,保护孩子们的创新潜能。

(一)要培养教师跨学科意识,让"分科"到"跨科"发生化学反应

长期以来,学校以学科为载体开展教学活动。由于分科学习太过独立、分散,缺乏综合性,学生在面对复杂问题时缺乏整体综合思维,难以综合运用知识来解决实际问题。因此,学校需要培养教师跨学科意识,尝试对学科进行"整合"。"整合"不是学科之间简单的"物理"叠加,而应是一个"解构—建构—重构"的"化学"反应过程。多学科知识的融合教学,一方面可以提高课程的趣味性和知识量,另一方面能够提供跨学科的感受与启迪。

(二)要注重体验式教学设计,使"经验"到"实验"产生螺旋提升

以课堂教学方式变革为突破口,改变目前课堂中过于重视认知性,过于重视教师的作用,过于重视教师对学生的单向控制,过于重视抽象的概念、原理的学习,过于重视教学的预设;忽视学生的全面发展,忽视学生的主体参与,忽视师生的交流互动,忽视知识的情境建构,忽视教学生成的现状。摒弃一些对过度训练的强制性考查,注重体验式教学设计,引导学生将注意力回归到学

习内容的本质和成果的深度体验上。

（三）要重视综合性实践活动课程，为"学习"到"实践"提供发酵容器

学习与实践的结合即"学用合一"，实践活动强调学科知识、自身经验与真实问题解决之间的高度融合、互相促进。但"学用合一"的发生需要条件，即需要一个可以支持它发生的"发酵容器"，这个"发酵容器"就是基于培养拔尖创新人才关键品质与能力而设计的综合实践活动。学习实践活动要避免"纯净"的实践环境设置，要构建学科知识、自身经验与真实问题解决高度融合的素养培养环境，通过探究、服务、制作、体验等方式进行教学。

（四）要探寻合理的教学方式，为"知识"到"素养"寻求有轨转化

传统的教学方式使学生长期学习事实性、概念性层面的知识，呈现出"浅、散、浮"的状态，无法满足综合素质培养的要求。指向拔尖创新人才培养的教学，要聚焦核心素养，要找到从知识学习到素养发展的转化轨道。采用启发式、探究式、参与式、互动式等教学方式的大单元教学、跨学科的主题式教学和项目式教学等综合性教学活动就是这种转化的轨道。在教学设计、学科实践（实验教学）、跨学科主题教学、作业设计、综合素质评价等方面，应根据不同的学习任务和学习对象，选择合适的教学方式，开展教学。通过丰富的教学方式，让学生在实践、探究、体验、反思、合作、交流等学习过程中感悟基本思想、积累活动经验，促进学生核心素养发展。

（五）要实施"包容性"教育，为学生思维奔腾提供起跑器和跑马场

课堂教学不仅仅要传授知识，更重要的是激发学习兴趣和培养解决问题的思维。培养核心素养一定要置于课堂教学的核心位置，鼓励学生大胆提出问题，勇于发表观点，敢于对教材的观点、逻辑、材料等进行质疑，这是培养拔尖创新人才的关键。课堂教学应该是一个赋能的过程，而不是一个控制的过程；知识应该是思想的材料，而不是思想的目的。学生提出的问题，哪怕是听起来不太合理的问题，教师也要非常重视，不要轻易喝令禁止，更不要冷嘲热讽，要允许学生经历"尝试—失败—总结—从头再来"的学习实践过程，鼓励学生大胆尝试，允许学生体验打破常规的快感。

二、培养体系必须建构，在不戕害学生创新意识的前提下，通过学制创新、学程重构、学历淡化、学级自主的方式，最大限度让每个个体发出独特的光彩

拔尖创新人才培养，先要"培养人"，然后才是"培养人才"。"培养人"

就是要强调社会责任的担当，要赋予能力、激发梦想、张扬个性；"培养人才"就是要让其在无数的尝试、困难、挫折、失败中锤炼，锻造出吃苦耐劳、坐得住冷板凳、坚韧不拔的品格。因此，从机制设计上，要让一部分资优者脱颖而出，可以从以下四个角度入手。

（一）让"因材施教"从口号变为行动

春秋末期就提出了因材施教的理念，然而感觉时至今日这一理念依然是停留在"口号"上。在基础教育阶段，针对资质优秀的学生，要开发具有针对性的课程，通过特色鲜明的校本课程、班本课程、生本课程来培养拔尖创新人才苗子。要打破"木桶"培养模式和"木桶"人才定义模板，不拔苗助长、不"削足适履"、不"削峰填谷"，要通过尊重个性、鼓励特长，为人才多样发展提供条件。

（二）让"学制体系"从固定走向灵动

目前我国的基础教育学制体系是"三年学前教育—九年义务教育—三年高中教育"。在这个模式下，学生一般不能调班，不能跳级、不得留级。这种学制体系对拔尖创新人才培养帮助不大，虽然现在有些学校进行了走班制教学模式实验，但对培养拔尖创新人才而言远远不够，建议尝试改为学分制，允许以体验社会为目的的休学和游学，允许为局部快速生长而产生的停滞期，容忍差异化的成长速度和节奏，让教育制度与个性成长更为匹配。可以允许部分学校尝试 12 年一贯制创新人才一体化培养模式，也可以允许部分学生有条件的自主升留级。

（三）让"晋升模式"从淘汰制走向自升制

当学习从成长的本质变成了竞争的格局，就非常不利于学生养成团队合作和协同创新精神。建议有条件的地区尝试从幼儿园到高中（含职高）的"3＋12"义务教育模式，让学校、家长、学生把对基础教育全过程的关注点都放在知识储备和能力提升上。

（四）让"出口通道"从单一走向多元

基础教育的出口不应该只有大学，需要设计更多的通道来衔接基础教育、职业教育与高等教育，让申请大学的成绩和有效时间更为宽松，让前序学历不再是后续发展的门槛。

"拔尖创新人才"早期培养不是"在所有做题的孩子中挑一堆做题比较好

的孩子，让他们提前选做更难、更多的题"；拔尖创新人才培养不要急于去"拔"，而要创造适宜的条件，让其健康的"长"。我们也可以尝试像我国培养乒乓球、羽毛球运动员那样——先筛选在数学、物理、化学、生物、工程、信息技术等学科方面有特长的少年，然后不断选拔，不断集中资源进行培养，直至使其中的部分精英成为某学科的世界级领军人物。少年强则国强，教育兴则国兴。基础教育只有造就无数心中有梦想、眼里有光芒、个性飞扬的少年，中国的创新之路才能真正走上康庄大道，才能带动国家科学技术和经济的实现腾飞。

部分双一流建设高校试点设立"职业技术学院",加快推进高等教育职普融通

孙静松*

摘 要

通过对当前职业教育的发展现状和面临问题的梳理,并从大职业教育观的视角分析职业教育与普通教育之间的共性和相互促进作用,得出在部分双一流建设高校试点设立"职业技术学院",加快推进高等教育职普融通的可能性和必要性。

一、背景

江苏是中国近代职业教育的发祥地之一,是中国近代职业教育普及面最广、声势最盛、成效最显著的省份之一。党的十八大以来,江苏职业教育持续领跑全国,主要质量指标在全国名列前茅。当前全国的职业教育的发展水平远远不能满足社会对高层次技术技能型人才的需求,社会大众长期以来形成的对职业教育的偏见与不认可仍然没能得到根本性改变。即使是在像江苏这样的职教强省,在教育布局结构上,仍然是各级职业学校顺着普通教育主线的不同层次延伸出一些辅线,并未能真正实现让学生公平、自愿地去选择职业教育与普通教育,而是通过强制分流或学历限制让学生进行被动选择。高等职业教育更是一度被限制在专科层面,尽管全国已经有二十几所职教本科高校,但是和普通高校相比仍然存在很大的差距,而社会对高校毕业生的学历要求却在不断地提高。现今职校毕业生升学渠道显著拓展,且主要是在职业教育体系内的提升(如中

---

* 孙静松,现为南京工业职业技术大学教授、艺术设计学院副院长,民盟南工支部主委。

职升高职、高职升职业本科），对口衔接的升学显然有利于满足社会大众对学历提升的需求和提升职业学校的社会吸引力，也有利于技术技能教学质量的提升。由于社会层面多种因素形成的以学历提升为升学主导的趋势短期内仍然无法改变，造成职业教育，尤其是高等职业教育的低学历层次必然造成职业教育低人一等的负面效应，这对加快职业教育的高质量发展必然形成瓶颈性阻碍。虽然职教法已经明确职业教育与普通教育是同等重要的教育类型，试图以此来改变社会民众对职业教育原有的认知，但是由于在实际操作层面仍然存在着学历层次低和被动选择的残酷现实问题，其成效甚微。职业教育在生源质量、学历层次、提升通道这几个方面的不利地位，以及由此带来的一系列负面效应正是当前职业教育不能得到快速高质量发展的主要原因。

二、缘由和意义

我们不妨改变一直以来主要从基础教育层面解决职业教育问题的思路，加快推进高等教育体系内职普融通，从顶端解决民众所顾虑的问题，让他们亲眼看到职业教育的未来，让基础教育阶段的学生能够看职业学校的学生只要经过自己的努力也可以在高等教育体系内进行自主、公平的选择，并享受和那些选择普通高等教育学生们一样的尊重和认可。届时职业教育的社会认可度自然会得到大幅提升，生源质量也就有了保证。吸引更多的高质量人才进入职业教育体系，是改变高等职业教育发展状况的关键因素之一。

（一）职业性是教育的本质特征之一

教育起源于人类劳动和劳动过程中产生的需求，教育的目的在于服务于人类的生存与发展。黄炎培先生教育观的最主要特色就是强调教育与职业的关系，他认为："教育之旨，归本人生。一曰治生，二曰乐生。""凡教育，皆含职业之意味。盖教育云者，固授人以学识技能，而使之能生存于世界也。"可见黄炎培先生认为教育的主要目的是传授人学识、技能，让人能够在社会中找到谋生的手段，促进人类个体和群体的发展，以及他们的社会化和个性化发展，具有鲜明的职业性。德国烘焙业中央协会的首席执行官丹尼尔·施耐德（Daniel Schneider）提出："必须遏制青少年一味追求学术型大学，要更多地向青少年和家长明确强调大学学习和职业培训的同等性。"他认为："我们必须从职业定位和规划，职业形象塑造和媒体宣传，以及父母的职业选择建议等方面进行反思，重新为手工业赋予更高的社会地位。"无论普通教育还是职业教育从大的方面来说其目的都是在赋予学习者谋生技能和手段，只是前者侧重于基础知识与研究能力的培养，后者侧重于专业技术技能的培养。对社会的全面发展和高等教育的高质量发展而言，基础研究能力与专业技术技能的相互促进与融合培养是必须的。

（二）职普融通是实现我国高等教育高质量发展的必由之路

党的十八大报告强调"加快发展现代职业教育"。党的十九大报告强调"完善职业教育和培训体系，深化产教融合、校企合作"。2019年初，国务院为贯彻落实全国教育大会精神而出台的"职教20条"开宗明义指出："职业教育与普通教育是两种不同教育类型，具有同等重要地位。"党的二十大报告强调"统筹职业教育、高等教育、继续教育协同创新，推进职普融通、产教融合、科教融汇，优化职业教育类型定位。"正如教育部职教司陈子季司长所说"这一系列重大论断明确了我国"一体两翼"的现代教育体系，是我国教育理论的重大创新，使我国职业教育类型定位在政策、法律和认识上都得以真正确立。实践证明，职业教育作为一种对经济、社会与个体发展具有特定功能的教育，具有广泛的社会需求和不可替代的战略价值。"早在1926年黄炎培先生在其发表的《提出大职业教育主义征求同志意见》中明确指出："只从职业学校做功夫，不能发达职业教育；只从教育界做功夫，不能发达职业教育；只从农工商职业界做功夫，不能发达职业教育"；办职业学校的，须同时和一切教育界、职业界努力的沟通和联络；提出职业教育的同时须分一部分精神参加全社会的运动。只把界限划起来，此为'职业教育'，彼为'非职业教育'，须有最高的热诚参与一切，有最大的度量容纳一切。"可见"统筹职业教育、高等教育、继续教育协同创新，推进职普融通、产教融合、科教融汇，优化职业教育类型定位"和黄炎培先生所倡导的大职业教育主义的精髓是一致的。"职业教育渗透到普通学校是建构职业教育体系的要素之一，这既有利于职业教育的发展，也是改良普通教育的重要举措。如江恒源所言："这并不是有意把职业教育侵入普通教育的领域，实在是帮助普通教育解决困难问题，不但无损于普通教育的独立，并且还能增加普通教育的效能。"所以大力提倡职普融通，关键在于唤起普教界的重视。如果我们不能改变社会对职业教育的偏见，高质量的人才便不会主动进入职教体系，那职业教育的高质量发展必然无从谈起，对于我国整个高等教育的高质量发展是不利的。

（三）"双一流"建设高校试点设立"职业技术学院"示范引领高等教育职普融通

当前，我国的教育体制是职业学校与普通学校平行设立，实施的也是与普通学校相对应的初等、中等和高等学历教育。由于这种教育体制以各级学校实施的学历教育为主干，导致社会认知中的职业教育往往等同于专门的职业学校教育。同时，由于多种因素影响，高等职业技术教育长期处在专科学历层次，而如今很多单位和企业招聘时对学历的要求在不断提高，尽管近几年已经有一批高职校升格为本科层次高校，但是，单从学历层面来说，高等职业教育的发展还远远不能满足社会的需求。如若单靠高等职业教育体系提升到硕士和博士学历的教育层次，很显然还要有很长的路要走。目前国内高水平大学，尤其是"双一流"高校里都没有开设职业技术学院，导致"职业教育与普通教育是两种不同教育类型，具有同等重要地位"缺少说服力。相反，美国的一些办学水平很高的综合性大学也会开展职业教育。专业可以跨界融合发展，一种类型的人才同样可以多种教育类型联合培养。如今技术创新对产业转型升级的驱动作用更加突出，如果不能迅速建成一支高素质的技术技能人才大军，再先进的技术和设备也很难转化为现实生产力；从人才的角度看，必须完善人才战略布局，坚持各方面人才一起抓，在培养造就更多大国工匠和高技能人才基础上，提升全社会人力资本和专业技能。"双一流"建设高校试点设立"职业技术学院"有利于发挥"双一流"建设高校的多种资源优势在短期内提高职业教育的质量和认可度，改变社会大众对职业教育的偏见，吸引更多的优秀学生进入职业教育学习发展。

三、结语

江苏应该抓住当前国家大力发展职业教育的窗口期，打开视野，摆脱原有的思维束缚，把高等职业教育、高等普通教育整合到一起进行系统谋划、整体推进，加快推进高等教育体系内职普融通，率先在"双一流"建设高校试点设立"职业技术学院"，并让其和其他的专业学院一样暨可以在"双一流"建设高校里公平竞争，也可以在职业技术学院和职业技术大学里发展壮大，让学生能够像在高等普通教育学校里选择自己的专业一样，摆脱社会的偏见和束缚，自愿的去选择适合自己的职业技术学院。那么阻碍江苏职业教育高质量发展的瓶颈问题必然会在短期内得到较大的改变，职业教育的高质量发展就有了无尽的动力。

九年义务教育中加入更多科创元素的建议

蔡瑞申* 胡 浩**

摘 要

青少年是国家的未来,民族的希望。古人云"种瓜得瓜,种豆得豆",如能在青少年身上植下科技创新的种子,当其走上工作岗位后,自然会更具科技的意识与创新的精神。"十年树木,百年树人",从学习源头上加入科创元素,灌输科学精神与创新理念并非一朝一夕之功。本文尝试对九年义务教育中加入更多科创元素的可行性进行探讨。

党的二十大报告指出"必须坚持科技是第一生产力、人才是第一资源、创新是第一动力,深入实施科教兴国战略、人才强国战略、创新驱动发展战略,开辟发展新领域新赛道,不断塑造发展新动能新优势。"

科技创新的重要性不言而喻。而加强科创教育,培养科技型人才是推动科技创新的关键,如何做好科创教育,培养科技型人才,是一个值得广泛讨论的课题。

一、目前我国义务教育阶段科技与创新教育现状

(一)科学教育不受重视

学校教育工作者和家长的科学教育理念薄弱。不管是教育工作者还是家长,都将教育的重心放在语、数、英这样的主科上面,对科学课并不重视。特别是唯分数主义的教师或者家长,更是认为科学这一类所谓的"副科"没有学习的

---

* 蔡瑞申,江苏省镇江市丹徒区财政局江心洲财政资产管理局副局长。
** 胡浩,民盟镇江市委员会、社会服务处副处长。

必要。虽然当今社会大力倡导科学教育，但是实施起来依旧困难。目前小学基本是每周设置一节科学课，遇到一些考试或者校园活动，往往还会被占用，小学生学习科学的实际时间就变得更少。

(二) 师资力量及教师所具备的科学素养不足

九年义务教育阶段是学生全面发展的奠基时期，因此小学教师应具备专业的科学素养，这样才能在思想和方法上给予学生正确的引导。然而现阶段小学科学教师大部分是由数学教师兼任，这样的教师不仅要完成本学科的教学，同时还要兼顾科学课程，从时间和精力上很难保证对科学教育的投入。有些学校设置了专职的科学教师，但这些教师并非科班出身，没有经过系统的培训，导致其专业素养不达标。

(三) 硬件设备的投入和使用程度不高

科学研究的就是自然规律，让学生对自然规律发生兴趣最便捷的方法就是让其去动手、去发现。在九年义务教育阶段的科学教学中尤其要借助仪器设备来完成必要的实验内容。但是在一些缺少科学仪器的乡村学校，学生的科学探究常常面临许多问题。而在设备配备齐全的一些学校，管理者因为担心学生使用仪器时造成损失，导致很多实验仪器被闲置。

(四) 校外科学教育形式单一效果甚微

校外科学教育设施中部分形式单一，缺乏创新性。在科教兴国的大背景下，越来越多的地方科技馆、少年宫等科学场所走进了大众的生活。这不仅丰富了小学生课外的科学教育生活，还增进了亲子间的关系。但是这些科教场所对科技的展示主要还是以模型、展板的形式呈现，动态体验项目较少，并且与校内的科学教育缺少衔接。此外，一些科学场馆的科学教育内容未能及时更新，缺乏科普展览等富有新意的科学教育活动。

(五) 校外科学教育机构量少质差

随着社会对学生科学教育关注度的提高，青少年科技类竞赛日益增多，但是这类活动的覆盖面有限，面向广大学生群体的旨在提升其科学素质的活动还比较缺乏。此外，校外科学教育机构存在教育资金不足、缺乏与家长的沟通等问题。许多校外教育机构希望为中小学生提供专门的、形式多样的科学教育活动，但是由于资金问题，导致一些项目难以开展。一些校外科学教育机构缺乏和学生家长的沟通，使得学生的参与热情不高。

二、在义务阶段加入科创教学内容的建议

（一）创新课程体系，提升学生兴趣

传统的课程设置是线性的，不利于学生发散性思维的培养。首先，应当重视学科融合，以系统性和全面性的思维，设置好科创课程，要充分与实践相结合，保证相关课程形象生动且具实际应用意义。其次，以问题导向为核心，进行课程体系设置，以解决问题为主线，引导学生参与科学实践，提升问题解决能力。

（二）强化师资队伍，提升科教质量

师资队伍是科创教育的关键。教师具备较高的科学素质和教学水平，才能引导学生开展科技创新活动。学校应加强相关教师的实践性、创新性教学培训，要重视学校之间的课程教学交流，依据学校自身条件，打造特色化科创教育，要加强教学考评，构建科学的评价机制，不断提高教师的教学能力。

（三）搭建科创平台，提升科教水平

学校应建立实验室、科技创新中心、科技创业基地等科技创新平台，为学生提供更好的科技创新条件，同时应当不断完善科创平台的硬件设施，强化教学指导，及时为学生答疑解惑。此外，学校应加强校企合作，为学生提供更多的实践机会和就业渠道。

（四）鼓励思维创新，提升科教素养

创新思维是科技型人才必备的重要素质之一。学校应该鼓励学生开展创新活动，培养其创新意识和创新能力。一方面，学校可以通过设立创新基金、创新贷款，鼓励学生开展创新性的科创商业项目或实践应用项目。另一方面，学校应多组织创新论坛，多邀请业内专家和学者进行授课和交流，不断提升学生的思维创新能力。

学校只有不断提升科创教育水平，才能促进科创人才的稳定供应，为中国式现代化的建设提供了坚强保障。

深化制度改革 持续推进教育、科技、人才战略有机融合

郭 培[*] 边 霞[**] 周 云[***]

摘 要

党的二十大报告强调"教育、科技、人才是全面建设社会主义现代化国家的基础性、战略性支撑"。为提升我国的综合国力和国际竞争力，保持中华民族在世界舞台的优势地位，必须有自主发展的科技体系和本土培养的科技人才，而科技发展和人才培养离不开教育的原点作用。教育、科技、人才战略的有机融合成为中国未来发展的必要条件。本文从中国教育、科技、人才战略的现状出发，提出一些政策建议，以期为中国教育、科技、人才战略的有机融合提供一些思路和建议。

一、我国教育、科技、人才战略深度融合的必要性

（一）自主科研体系建设的必要性

首先，科技创新是国家发展的重要支撑。无论是经济发展、社会进步、国防安全，还是生态环境保护和人民生活水平的提高，都需要科技创新作为基础支撑。而自主科研体系建设是科技创新的重要手段，可以提高我国的科技水平和竞争力，为国家发展提供强有力的支持。其次，自主科研可以显著提高我国的自主创新能力。当前，我国科技创新已取得一定的成绩，但也面临着很多挑

---

[*] 郭培，南京师范大学研究生招生办公室副主任、民盟南京师范大学委员会委员。

[**] 边霞，南京师范大学金陵女子学院院长、民盟南京师范大学委员会主委、民盟江苏省委常委、民盟江苏教育工作委员会主任。

[***] 周云，南京师范大学教务处副处长、民盟南京师范大学委员会副主委。

战和困难。自主科研可以提高我国的自主创新能力,减少对外部环境的依赖,提升国家的话语权和影响力。最后,自主科研可以维护国家的核心利益。科技领域是国家安全的重要领域,自主科研可以保护国家的核心技术和知识产权,防止被他人控制和利用。同时,自主科研也可以防范国家安全的风险和威胁,维护国家的安全和稳定。总之,建设中国自己的科研体系,自主发展科技是必要的。只有通过自主科研,才能提高我国的科技水平和竞争力,保护国家的核心利益和安全,实现科技创新与国家发展的良性互动。

(二)教育事业发展和人才培养质量的重要意义

发展教育事业、培养创新人才对自主科研体系建设有着非常重要的意义。教育是培养人才的重要途径,而人才的质量决定了科研事业能达到的层次,进而影响到社会的发展。教育、人才和科研三者相互依存、相互促进。首先,教育事业是培养科研人才的重要渠道。一个国家的科研水平与科技实力的高低,离不开高素质、高水平的科研人才。教育事业要想培养出这样的人才,必须注重培养学生的科研素质和科研能力。只有这样,才能为自主科研体系的建设提供源源不断的人才支撑。其次,教育事业可以为科研提供必要的资源和条件。科研需要大量的资源和条件,这些资源和条件往往需要通过教育事业来提供。比如,科研需要图书馆、实验室、计算机等设施,这些设施往往是通过教育事业来提供的。因此,发展教育事业可以为自主科研体系提供必要的资源和条件。再次,教育事业可以为科研提供合适的研究方向。教育事业可以通过课程设置、导师指导等方式,引导学生选择合适的科研方向。这样,就可以避免科研人员盲目从事科研或者从事无意义的科研,从而提高科研的效率和质量。最后,教育事业可以为科研提供良好的科研环境和氛围。良好的科研环境和氛围可以激发科研人员的创造力和创新精神,促进科研的发展。

教育蕴育未来,科技彰显实力,人才是战略资源,三者的协同配合对提升综合国力至关重要。教育事业通过培养科研人才为科研提供必要的资源和条件、合适的研究方向以及良好的科研环境和氛围,以助力自主科研体系的建设。

二、教育、科技、人才战略融合的现状

我国的教育与产业的合作自《国家中长期教育改革和发展规划纲要(2010—2020年)》提出"推进校企合作制度化"开始,经过了一段时期的发展,已经取得了以下几个方面的积极成果。首先,部分企业与高校之间建立了良好的产教合作关系,共同开展科研项目,加强人才培养和技术创新。其次,部分地方政府出台了相关政策,鼓励企业与高校合作,共同推进产业升级和人才培养。最后,部分高校已开展产教融合、产学研方面的课程和实践活动,加强了与企业之间的联系和沟通。然而,虽然我国教育事业和科技事业的融合取得了一定进展,但还存在着很多的不足。具体说来,有以下几点:第一,高校与科研院所、企业研发机构之间合作的领域和模式还比较有限。企业和高校之间的科研合作缺乏长期规划和战略,缺乏稳定性和持续性。企业和高校之间的合作存在一定的信息不对称和利益分配不均的问题,需要加强沟通和协商。第二,基础教育领域,课程内容以系统知识为主,教学形式主要采用讲授的形式,课程内容设置和教学形式选择均不利于培养学生的创新思维和能力。第三,高等教育机构科学研究领域偏基础研究,且对研究结果的评价以论文产出为主,不利于科学研究直接服务社会需求。第四,部分高校的教育教学质量有待提高,需要加强师资队伍建设和教育教学改革。

三、关于教育、科技、人才战略有机融合的政策建议

为助力中国教育、科技、人才战略的有机融合,实现中国自主科研体系建设的愿景,可从以下几个方面着力。

政府机关可出台相关政策,鼓励企业与高校开展信息共享和协同创新,提高企业与高校之间的合作质量和效益。加强沟通和协商,建立长期规划和战略,实现企业与高校互利共赢。教育和产业的深度融合具有重要的意义和作用,可以促进产业升级和人才培养,提高人才的就业能力和竞争力。未来,需要加大政策支持力度,建立完善的机制和规范,加强教育教学改革,提高合作质量和效益,实现产教融合的可持续发展。

教育主管部门加强推进产教融合人才培养的战略研究和顶层设计。进一步加大对面向未来产业发展的人才培养与发展战略研究的支持力度,在双师型师资培养、产业教授、研究生工作站等形式的基础上,进一步创新企业研究机构与高校联合培养研究生体制机制。在教育环境、教育资源、教学方法和教育评价等多个方面作持续性投入和战略性部署,尽快形成完善的战略型人才培养体系。

改革高等教育教学模式,助力创新人才培养。出台政策,推动高等教育领域改革教育教学,包括课程改革和教学评价改革。课程以培养学生的创新思维为设

计目标，教学评价以学生创新思维能力的提升为标准。通过教育内涵改革，切实提高我国高等教育教学质量，为自主科研体系建设配套更加高效的人才培养机制。

鼓励高等教育机构主动对接社会需求，开展有组织科研。

高等教育机构中普遍存在着"重基础研究轻应用研究"的研究氛围，科研评价标准则是"重论文轻应用"。为更好地服务社会，原有的研究氛围需要转向"基础研究应用研究并重"，这种转向只能通过科研评价机制的改革来实现。政府可出台相关政策引导高等教育领域改革科研评价机制，使其主动对接社会需求，积蓄科研力量开展有组织科研，实现社会效益的显著提升。

持续加大科研投入，提高科技创新能力。为了提高我国整体的科技创新能力，还需要多方持续投入资金，加强技术创新的基础研究和应用研究。鼓励企业和高校进行科技创新，并加强科技成果的转化和应用。加大对科技创新的政策支持力度，提高科技创新投入在社会总投资中的比例。

进一步优化人才引育机制。政府需要加强对人才引育机制的全面规划和系统布局，加强对本土高端人才培养的投入和管理。此外，还应该加强对境外高端人才的吸引和留用，通过提高薪酬待遇、提供优越的工作和生活环境等手段，吸引更多的高端人才到中国工作和生活。

总之，为实现教育、科技、人才战略的有机融合，需要加强教育、科技、人才制度之间的协同发展，改革教育模式，增加科研投入，提高科技创新能力，优化人才培养机制，实现教育、科技、人才各领域的有机结合和协同发展。只有通过综合性的政策措施和系统性的培养机制改革，才能够实现中国教育、科技、人才战略的有机融合，提升中国的综合国力和国际竞争力。

地方应用型高校现代产业学院平台驱动教育、科技、人才战略融合发展的路径选择

黄 鹏[*] 王志向[**]

摘 要

2.0版现代产业学院的建设是中国式现代化建设中的一项重要工作,反映了时代对工程教育创新和新工科的需求,聚焦区域新兴产业发展对新工科、新文科人才的新要求,目的是实现教育、科技、人才战略融合发展。但在实践中,受资源禀赋和综合能力的制约,大量地方应用型高校的现代产业学院建设还存在管理主体不明确、缺乏长期发展动能、内涵建设不到位等问题,严重制约了2.0版现代产业学院的建设与发展。通过广泛调研与经验总结,研究认为应在充分发挥地方政府的引导作用的基础上,明确高校的建设主体地位和行业企业的支柱作用,形成"政府为主导、院校为主体、企业为支柱"的2.0版现代产业学院建设新框架。

一、研究背景

2020年7月30日,教育部办公厅、工业和信息化部办公厅发布《现代产业学院建设指南》,将现代产业学院的建设目标确定为"以区域产业发展急需为牵引,面向行业、特色鲜明、与产业联系紧密的高校,建设一批现代产业学院……构建高等教育与产业集群联动发展机制,打造一批融人才培养、科学研究、技术

---

[*] 黄鹏,江苏科技大学(张家港校区)商学院副院长,苏州张家港市人大代表,民盟苏州张家港市委会委员、沙工支部主委。

[**] 王志向,江苏省张家港保税区组织人事局人事科副科长,苏州张家港市政协委员,民盟苏州张家港市委会参政议政处副处长、经贸支部主委。

创新、企业服务、学生创业等功能于一体的示范性人才培养实体";2023年教育部等五部门印发的《普通高等教育学科专业设置调整优化改革方案》,进一步推出了当前及未来一段时间国民经济发展所亟须的若干专业,重点明确建设"集成电路学院、软件学院、网络安全学院、密码学院、能源学院、储能技术学院、智慧农业学院、涉外法治学院、国际组织学院"等2.0版特色现代产业学院。

二、成功案例

2.0版现代产业学院的建设是中国式现代化建设中的一项重要工作,反映了时代对工程教育创新和新工科的需求,聚焦于区域新兴产业发展对新工科、新文科人才的新要求,目的是实现教育、科技、人才战略融合发展。实践中,已有一些地区通过打破旧有教育机制体制,建立政企校紧密相连的2.0版现代产业学院,在实现教育高质量发展的同时对产业经济的发展提供了有效支撑。

常熟市以"常熟急需、产业引领、重点突出、协同推进"为原则,依托本土高校常熟理工学院建设现代产业学院,近三年来,服务企业600余家,解决技术难题34项,签订产学研项目400余项,获省部级科技奖20余项,新增发明专利400余件,2000余名毕业生留常,300多名教师赴行业企业挂职,300多名企业人员被聘为兼职教师,19人入选升本科类产业教授,在十四五规划中确定了校地合作的"12+N"专项,即确定12个项目,并根据产业发展动态新增N个项目,以1亿元人民币专项经费为支撑,已建成地方政府主导推动的光伏科技学院、智能网联汽车产业学院、电商产业学院、声学技术现代产业学院、苏州应急管理技术学院、纺织服装行业学院、智能电梯产业学院、智能制造产业学院、医药生物技术学院和人工智能技术学院。

东莞理工学院瞄准新一代信息技术、新材料等区域产业布局,通过与龙头企业、专业镇、行业协会和产业基地的全面合作,建立了华为信息与网络技术学院、360网络空间安全产业学院、智汇谷现代网商学院、西门子智能制造学院、粤港机器人学院等10个符合2.0版现代产业学院要求的产教学研融合平台。依据产业对人才的新需求,新增物联网、数据科学与大数据等工科专业12个,新增智能控制、机器人等工科方向13个,改造省级电子信息工程、金属材料工程等传统专业14个,所培养人才有80%在东莞及周边地市就业,并与企业合作开发了锂离子电池设计与制造系列教材,不仅与东莞当地的产业科技发展深入融合,更填补了产业细分门类人才培养在教学教材方面的空白。

三、现存问题

晋江、东莞、宁波等地建立涵盖职业教育层次到研究生教育层次的2.0版现代产业学院，实现了教育、科技、人才战略的融合发展，但仍有很多地区在实践中还存在一些问题：

（一）政企校关系梳理不畅，管理主体不明确

谁来主导、谁来承办、谁来参与，是地方高校现代产业学院建设中必须回答好的三个问题。当前，大多数地方政府还未认识到现代产业学院在教育、科技、人才融合发展中的关键性作用，即使有建设地方性现代产业学院的计划，也仅仅是出台数个包含地方产业、人才期望的展望性文件，然后将建设任务抛给属地院校。由于地方性高校在资金、人才、影响力等方面均存在较大局限，地方性企业往往不会将地方性高校主导建设的现代产业学院作为第一合作选择，而是选择更高水平的高校进行合作，这就导致地方应用型高校现代产业学院出现"空心化"，仅能产出一些支撑性不强的学术和教学成果，难以真正推动教育、科技、人才的融合发展。

（二）产业企业融入路径不畅，缺乏长期发展动能

地方应用型高校现代产业学院基本为"跟随型"和"双向性"两类，不论其所培养人才，还是科技研发成果，均需产业企业作为承接方，因此与产业企业的有效融合是现代产业学院长期发展的根本动能。在现有的产学研合作模式下，即使名义上依托现代产业学院，产业企业也大多未能真正参与院校的人才培养方案制定和课程教学计划设计，依然存在着人才培养方案与培养实际效果"两张皮"的问题。专业链和产业链对接不充分，校企合作人才培养的产业属性不强，加之师生适应科研需求能力不足、适应产业工程能力不强，使企业对长期投资现代产业学院意愿并不强烈。现代产业学院缺乏长期平稳发展所需的持续性资金和产业企业的技术资源注入。

（三）内涵建设不到位，现代产业学院发展后劲不足

组织形式、专业构建、教学科研人才队伍和实验实践设备设施，是高质量建设地方应用型高校现代产业学院所需的内涵要素。如，东莞理工学院自2013年开始，用了近10年的时间打磨现代产业学院的组织形式和专业构建，逐步充实了学院内涵，但仍有很多的地方应用型高校现代产业学院难以突破旧有行政体系，无法做到校内外资源的有效配置，甚至出现了资金挪用、人员转岗，导致现代产业学院"既没有骨头,也没有肌肉"。加之大多数地方高校地处偏僻,引才留才难度大,往往是高校自身的高水平人才都存在缺额,也就没有足够的资源向现代产业学院输入,导致现代产业学院的发展缺乏后劲。

四、意见建议

部分地方应用型高校现代产业学院的成功经验证明,教育与产业、创新和经济发展的强关联,是未来驱动地区新兴产业发展和拉动经济持续增长的源动力。在面对当前传统产业提质升档关键任务及未来新兴产业发展的实际需求时,人才培养模式的转型和科技创新本地化已迫在眉睫,需尽快着手开展2.0版现代产业学院的建设,为长期稳定高质量发展奠定基础,对此提出如下意见建议:

(一)充分发挥地方政府的引导作用

建设高质量现代产业学院的目地就是提升地方产业人才的质量,带动和促进地方经济产业的发展。要实现这一目标首先需要获得地方政府的支持。这样的支持体现在目标定位的引导、政策风险的提示以及产校匹配等方面,地方政府会在一定程度上对现代产业学院建设给予了人力、物力或财力的投入,形成"政府为主导、院校为主体、企业为支柱"的地方应用型高校现代产业学院建设路径(图1)。在政府的主导下,政校企三方共同出资、共同管理、共同运营。

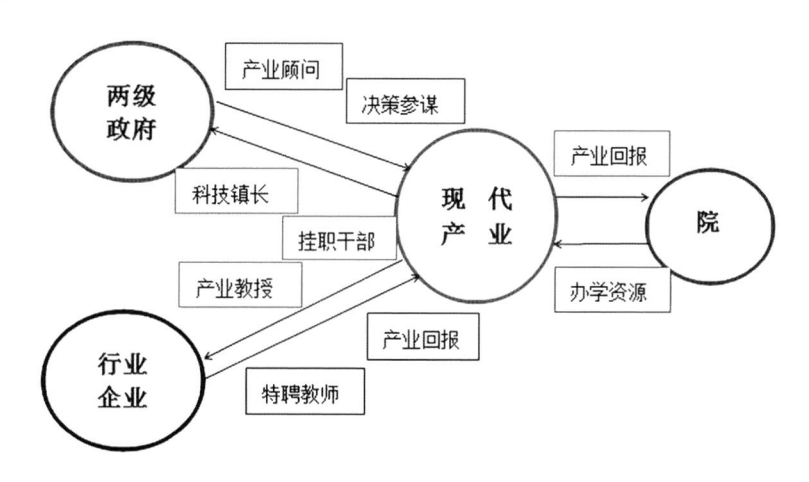

图1 地方应用型高校现代产业学院建设路径

(二)充分发挥高校的主体作用

高校应主动调研地方政府、企业、行业的需求,分析国家和区域的产业动向,发挥学校智力优势,积极融入并主动对接和服务区域产业,主动分析未来产业对人才的要求,不断优化人才培养过程,更加注重提高学生的学习能力、职业能力和创业能力,主抓高校所擅长的专业、课程、教材、教师队伍建设,同时积极与行业企业融合,努力在人才培养和科技转化服务方面做出实效。

(三) 充分发挥行业企业的支柱作用

现代产业学院发展的根本任务就是驱动教育、科技、人才战略融合发展,行业企业在其中起到了无可争议的支柱性作用,企业不仅需要为现代产业学院提供长期稳定的资金,还需要积极参与到现代产业学院的日常管理,参与或主导现代产业学院的专业人才培养和科技转化,使现代产业学院切实成为产业技术技能人才供给中心、技术创新与推广中心,实现专业与产业共同发展。

二等奖论文

我国高等教育供给侧改革背景下的专业认证研究

道　靖[*]

摘　要

自实行扩招以来，我国高等教育改革一直遵循的是需求侧改革，由"扩招"实现自身的快速发展，但是在内涵建设、结构优化、制度变革等方面仍存在很大的不足。在我国高等教育供给侧改革的背景下，本文研究了从高校评估到专业认证的必然以及高等教育专业认证的功能和价值，同时阐述我国高等教育专业认证中存在的社会评价作用、产出导向作用以及以学生中心实施困难等若干问题。最后文章提出教育结构的优化改革、提升教育内涵式发展、实施供给侧改革促进教育水平的提升、以创新驱动发展战略及高等教育专业认证为契机推进高等教育供给侧改革。通过专业认证来保障高等教育人才培养质量，落实"学生中心、产出导向、持续改进"的基本理念，推动高等教育内涵式发展。

自2015年，习近平总书记在中央财经领导小组会议中首次阐述"供给侧结构性改革"的概念后，其创新思维和理念不断发展延伸。当下，高等教育的转型发展，实质上就是中国高等教育供给侧结构性改革。

一、我国高等教育需求侧发展的历程

需求侧对于服务以及产品的需求是难以与供给侧给予的服务以及产品维持协调一致的，必然出现供需错配，进而造成供需失衡。实施供给侧改革的关键

---

[*] 道靖，连云港师范高等专科学校副教授、民盟连云港师范高等专科学校支部盟员。

就是由服务以及产品供给端着手优化，借以实现供需结构优化升级，确保供给端能够更加灵活高效地应对需求改变。

中国高等教育的需求侧改革，虽然极大的提升了高等教育的发展速度，但也暴露出了高等学校对于自身需要担负的教书育人的发展宗旨以及引领社会前进的固有职责认识不足的问题。

值此经济新常态大环境下，需求侧普遍呈现出疲软的态势，助推经济实现飞速发展的关键所在就是结构优化、制度变革以及要素升级。供给侧的管理并非将需求侧管理工作全部加以否定，而是要协同需求侧一起实现新的发展与成长。

二、从高校评估到专业认证推进我国高等教育供给侧改革

（一）我国高等教育评估的发展

英国学者 Bernard Basanquet 提到："一切的社会问题根源于人与社会的关系。"国内高校表现出的供给侧结构性矛盾，不仅源于高等教育的发展对其带来的影响，而且还和现下的教育管理方式存在紧密的关联。自 20 世纪 80 年代中期以来，我国高校教学在理论和实践方面都取得了巨大进步，基本建立了教学评估的理论和方法体系。高校教学评估，促使学校为了保障教学质量，严格构建师资力量，努力完善基础设施。监督者需要在监督的过程中协助学校不断提升教育水平，通过经费的注入帮助高校更好地实现师资建设，完善教学条件。教学评估工作促使高校教学工作更具规范性。一方面，教学评估能够提升高校实现科研工作的效率水平；另一方面，高水平的科研效率能够帮助高校在社会上以及学术界拥有更高的地位与声誉。

（二）从高等教育评估到专业认证的必然性

专业认证现是专业市场准入的核心基础与重要前提。想要做好中国教育供给侧改革，就需要将传统的以教师为核心的教学模式转变为以学生为核心的教育模式。教师在观念上也要从过去的只重评估结果转向持续提升自身教学能力。

（三）我国高等教育专业认证的功能和价值

绝大多数采用高等教育专业认证的国家，都将职业资格证书与专业认证制度挂钩。对于那些未经专业认证的学生，在获取职业资格证书的时候都将遇到更多的限制。

专业认证发挥的功能主要有两个。一是以最低标准评估教育质量，确保学

生、高校以及公众的利益不被损害；二是借助教学评估，激励教学工作优化质量，提升专业水准。高等教育相关的专业认证是实施国际评估以及院校评估的关键。专业状态信息库内的教学大纲以及师资建设等相关数据，能反映高校相关专业的办学水平，所以必须与实际的教学工作同步更新。

三、我国高等教育专业认证存的问题

（一）政府是唯一权威认证机构，社会评价作用有限

推行专业认证的核心目标就是按照社会需求开展人才的培养工作，进而实行专业性的评价体制。该机制可以动态的处理人才培养和社会需求之间的供需冲突。该机制需要社会人员参与学校教学大纲制定并对于学校的培养结果进行评价。我国专业认证的相关机构都是教育部门，政府完全掌握着教育评价权，社会参与度较低。政府收集信息的过程相对受限，进而难以维持整改目标的持续性发展。

（二）专业认证"产出导向"作用有限

参照国际惯例，专业认证制度是专业市场准入的核心要求与前提条件，职业资格证书与专业认证相关制度对等挂钩。实行专业认证的主要目的就是进行教学效率的整体测评。多数发达国家将职业资格证书视作核心参考标准，并且教学中的专业设置等相关工作都是为其服务的。国内职业资格证书的作用较小，社会更看重学生毕业院校的排名，因此，高校在教学的过程中也不会将职业资格证书作为教学导向，而是更看重院校自身的等级分划，这就造成了中国高校在进行专业设置的过程中同质化的情况极其严重。

（三）专业认证"以学生为中心"实施困难

教育"产出"的最低标准就是专业资格认证。在这种情况下，教师将依据学生的个人特质实施差别化的教学，这就是将学生作为核心的培养方式。在中国，因为社会参与评价受到较多的限制，仅凭教育专家确定的培养目标与社会脱节较为严重。

四、以高等教育专业认证为契机推进高等教育供给侧改革

（一）教育结构的优化改革

科学的教育结构能够推动经济社会的发展，并引导经济结构朝向更加合理高效的方向发展，因此提升教育经济效益的关键就是优化教育结构。现阶段，国内高等教育结构的教育组合以及占比情况呈现很大差别，纵向系统与横向系

统交织错落，整体呈现出多方面、多层次的特征。

(二) 提升教育内涵式与质量

高等教育的重要职责就是培养出与社会需求相符的专业人才。对高等教育实行供给侧改革，需要实现内涵以及质量的同步提升。确保实践工作能够不断推进的力量之源就是制度，而这也是帮助教育实现规范化以及常态化发展的重要前提。

(三) 实施供给侧改革促进教育水平的提升

政府要在教育资源配置问题上积极落实简政放权，增强市场机制对各项教育资源的配置作用，推动教育系统更快地实现优化升级，满足社会需求。实施高等教育的供给侧改革，要站在经济学的视角，审核资源的投入以及产出，提升办学效益。这不仅需要引入现代化的教育机制帮助学校争取更多的资源，还要树立效率意识，高效运用学校的教学资源，促进教育水平的提升。

(四) 以创新驱动发展

在党的十八大之后，中国提出了"创新驱动发展战略"，明确了创新对中国发展的重要意义。高校创业创新教育工作的主体是学生，其目标是培养专业能力更加突出、创新思维高度活跃的毕业生。在这项工作中，需要学校积极引导学生发展与自身特质相契合的职业技能，不断增强学生的职业能力与职业素养。为适应创新发展需要，高校需要在三个方面转变职能。第一，积极转变立项观念，重视成果转化；第二，优化科研评估体系，实施的多元评价发展策略；第三，积极改善激励政策，确保科研人员重视成果转化。此外，政府需要完善企业与科研机构的交流机制，鼓励人员的双向流动，进而促进知识、技术和创新在不同组织之间的交流和应用。

高等院校需要培养社会需求的人才，进而促进中国各领域的快速发展。高等教育改革的方式可以借鉴中国商事制度改革的经验，简化办学流程，提升高校办学质量，培养高质量人才。我国高等教育正在顺应经济社会发展的需求，积极推进供给侧改革，从专业认证的角度出发，解决人才培养和社会需求之间的供需冲突。为实现的人才培养与社会需求的匹配，高校应将自身发展与社会发展目标紧密相连，将"为人民服务"作为基本准则，为中国现代化的建设输送高质量人才。

关于促进高校人才分类评价,激发"躺平式"教工活力的建议

严美娟[*]

摘 要

高校原有考核机制对人才评价的弊端日益突出,"躺平式"教工大量涌现,严重影响高校的健康发展。为激发"躺平式"教工活力,推进"破四唯"政策落地,优化高校人才分类评价体系迫在眉睫。本文通过对高校教工进行调研,针对目前存在的问题,提出相应的对策建议,为培养人才、用好人才,留住人才提供理论和实践依据。

近年来,科技部、教育部先后推出"破四唯"相关改革措施,着力摆脱"唯论文、唯职称、唯学历、唯奖项"倾向,重点解决科技人才评价改革落实难等问题。然而,在这些文件下达之后,普通高校教工的获得感并不明显,看到新政带来的曙光之后并没有真正感受到政策落地后的阳光雨露,这种情况主要归因于根深蒂固的陈旧人才评价制度。中共中央办公厅、国务院办公厅2018年2月印发《关于分类推进人才评价机制改革的指导意见》,同年7月发布《关于深化项目评审、人才评价、机构评估改革的意见》。其后各相关单位陆续更新了自己的人才评价体系。政策推行初期,不少单位涌现了破格评职称的案例,其中有因大赛取得优异成绩而晋升教授的,有因非遗传承特色而由中级直接破格提为正高的。然而在执行新的评价体系之后也出现了很多不同的声音,一些高校认可的大赛其他高校并不认可,所以必须在充分调研(特别是对基层

---

[*] 严美娟,《南通大学学报(医学版)》编辑部执行主编、编审,民盟南通大学第四支部主委。

工作者进行调研）的基础上，制定分类评价政策，真正激活各级各类人才活力，特别是激发躺平教工潜能，才能为高校更好地培养人才和健康发展奠定基础。

一、存在的问题

（一）引进人才的考核不合理

非升即走式考核机制在很多高校推行后，很多没有达到考核标准的人才离开了高校系统。各单位引进的优秀人才，需要在3—5年的时间内完成单位制定的考核指标，这些考核指标无外乎项目、论文、专利、奖项等，而对人才考核几乎没有针对教学工作的要求，这就导致很多引进人才轻教学重科研。导致教师未能充分发挥其培养人才的级联放大作用。

（二）以刊评文弊端显现

一般的考核都离不开论文，以刊评文的现象依然严重，各高校都出台了自己认定的期刊分级标准，不同级别的期刊对应不同的科研业绩分，业绩分与教师的年终奖直接挂钩。期刊影响因子虽已被弱化，但中科院分区又被提上日程，有些高校将尚未得到全球认可的中科院分区应用得淋漓尽致，教工们叫苦不迭。中科院分区甚至有的前一天还在4区，后一天就跳到了1区，如此频繁的调整让人质疑其数据的可靠性，作为考核标准则更不能令人信服。本来已完成学校考核目标的教工由于期刊分区的异常变动又得重新上阵，引进的人才也感觉压力山大。

（三）职称晋升要求与人才分类不匹配

虽然高校把人才分为教学型、科研型、教学科研型，但实际晋升标准偏重于科研，其中一个硬性指标即主持国家自然科学基金或社会科学基金面上项目，单这个指标就几乎阻断了没有国家级项目的教工的职称晋升之路，很多有激情的年轻人，经过多次努力仍然拿不到相关级别的项目而最终选择躺平，孔乙己现象随处可见。一些高校通过扣发年终奖的形式来逼迫教工搞科研，然而这种方式并没能发挥多少作用，仍然有很多教工选择躺平式生活，他们认为这些目标令人望而生畏、遥不可及，达不到目标不过就是扣除年终奖，要达到目标花费的精力和财力远超回报，况且学校并没有切实可行的调动教工科研热情的有效措施。

（四）境外研修考核要求依然存在

境外研修成为考核指标之后，高校送出去很多研修教师，然而学习成效并不明显，和花费的巨额费用相比，投入与产出比很不理想。2020年教育部印发

《关于正确认识和规范使用高校人才称号的若干意见》(以下简称《意见》)提到,不将国(境)外学习或工作经历作为人才招聘引进的限制性条件。然而,目前很多高校依然将其作为考核指标在执行,相关政策没能有效落地。

(五)年龄限制了项目的申报

各类项目或人才的评定都有一定的年龄限制,使45岁以上,处在科研黄金年龄的教工很难申报项目,因相关政策的影响提早进入了准退休模式。年轻人又因资历不够拿不到项目,最终导致普通高校出现不同年龄段"躺平式"教工,造成人才的巨大浪费。

(六)口号式、宣传式科研诚信缺乏约束力

由于考核体系的缺陷,导致高校少数教工为完成考核任务走起了捷径,他(她)们通过第三方机构或丰富的网络资源完成考核任务。仅靠口号式、宣传式科研诚信,没有完善的学术诚信制度,使部分人才动起了歪脑筋。学术失信对高校教工群体和高校产生了很大的负面影响。

二、对策建议

(一)搭建科研平台,优化引进人才考核标准

高校对引进人才提要求的同时应该提供一定的条件,特别是搭建科研平台,创造良好的科研生态。然而多数高校只提供启动经费,科研设备陈旧老化,实验所需材料均需项目自行购买,在这种情下,启动经费完全满足不了科研项目所需。本文建议高校引进人才后,要尽可能提供完善的实验条件,使人才能够把更多的精力聚焦到科研工作上。另外,引进的人才除了完成一定的科研工作量之外,还应该完成一定的教学工作量。作为高校人才,应该有一定的传道授业解惑的能力,应该把自身所掌握的学科前沿知识传授给学生,培养更多具有创新意识的优秀人才,发挥出教师应有的级联放大作用。

(二)以刊评文改为以文评文

期刊级别与其所刊载的每篇论文的水平并不一定完全一致,高级别期刊中也有被引量为零的论文。反之,低级别的期刊中也不乏高质量的论文。中科院分区可以作为参考,但不能完全依赖其作为绩效考核的标准,可选用国际上比较成熟的标准对论文进行分类。

(三)完善人才分类的职称晋升机制

尽管高校人事部门对教工职称晋升机制进行了一系列的优化,但对教学型、

科研型、教学科研型教师的职称晋升要求中依然把论文作为重要指标，而且其他替代指标对普通教工来说更难达到（如省部级或国家级科技进步奖、获授权专利等）。由于考核指标与学校排名直接挂钩，于是出现了对期刊要求五花八门的各种考核。本文建议高校根据人才不同类别，分类定制教工有希望达到的晋升条件，根据其教学情况，结合科研成果进行考核。

（四）取消非必要的境外研修

《意见》对正确认识和规范使用高校人才提出明确要求，不将国（境）外学习或工作经历作为人才招聘引进的限制性条件。高校人才评价、职称评审等工作要把思想政治素质和师德师风放在首位，突出教育教学成效、分类评价。境外研修取消后可减少资源浪费，将原来的境外研修预算用于校内每位教工都能惠及的科研或教学活动，这样能更好的调动校内教工的积极性，为培养优秀人才储备优质的师资队伍。

（五）分年龄段设置项目

高校教工可根据自身年龄申报相应年龄段的课题，这样能充分调动高校的科研人才，避免人才闲置。目前很多课题规定申报人年龄需小于35岁，超过35岁的申报项目寥寥无几，导致很多科研人才被闲置。尽管申报要求以年轻人为主，但大部分年轻人并不能如愿拿到相关项目，没有项目就没科研成果，更不用说相关的论文、专利及奖项这些职称申报的基本要件了，渐渐的这些年轻教师成了职称申报躺平者。分年龄段设置不同项目赛道，有利于激发不同年龄段教工的活力，以项目促教学，以教学促项目，建设充满活力的师资队伍。

（六）完善学术诚信体系

科研失信不但会对涉及的科研团队有影响，同样对科研团队所在单位也会产生负面影响。口号式、宣传式科研诚信体系应改成完善的学术诚信制度，建立诚信黑名单，对科研失信人员要坚决调离科研岗位。科研单位要设立科研申报平台，科研项目论文投稿前要上传相关资料（如项目来源，作者信息，原始数据等），经所在单位专家组审核后并具单位介绍信，对没有上传相关资料而发表的论文单位不予以相关业绩分的认定，并且论文发表费用不予报销，这样能有效规避学术不端行为的发生。另外可参考中科院的学术论文预警系统杜绝学术失信行为，净化高校科研环境。

关于高校科研成果转化为
教学资源的问题与建议

顾宇蓉[*]

摘　要

科研与教学是相互依存、相互促进的关系，探究科研成果转化为教学资源的实现路径和保障机制，是高等教育教学改革需要解决的重要课题。本文分析了高校科研成果转化为教学资源过程中存在的问题，提出了构建高校科教融合育人中心、创新科研成果转化为教学资源的方式、提升教师科研成果转化为教学资源的积极性、完善高校科研成果转化激励方案等建议，通过创新建立科研成果转化为高校教学资源的长效机制，有效推动科研和教学的有机融合、互促互进。

学术者，人才之本也。作为高校，高水平科研成果是支撑教师教学和提高人才培养质量的重要途径，教学为科研提出了问题，指明了研究的方向，也是科研成果的交流与探讨的平台。在高校，教学与科研两者是相辅相成，相互促进的，科研的提高要靠不断地积累，拓宽教学资源要靠科研的支持。然而，科研与教学之间实际上也存在着一些矛盾。首先，科研更偏向创新，而教育更倾向运营，这是因为科研是在创造知识，需要创新性，而教育是知识的传授，需要标准化；其次，高校对两者的评价机制不同，科研评价可以用定量的方式进行，而教学评价影响因素更为复杂；最后，在组织间依赖性方面，科研组织较

---

[*] 顾宇蓉，江苏工程职业技术学院副研究员、民盟南通市教育工作委员会副主任，民盟江苏工程职业技术学院支部盟员。

为松散，而教学组织则比较紧密，这样就导致身处其中的成员要适应两种不同的文化和管理方式。

长期以来，国内高校"重科研、轻教学"的现象引发了社会的广泛关注，并推动了相关改革。2015年国务院出台的"双一流"高校建设方案提出"加快推进人才培养模式改革，推进科教协同育人，完善高水平科研支撑拔尖创新人才培养机制"。随后教育部《关于深化本科教育教学改革全面提高人才培养质量的意见》中提出以人为本，四个回归，强调将最新科研成果及时转化为教育教学内容，以高水平科学研究支撑高质量本科人才培养。

在实际考核中，如何平衡科研与教学的关系并实现科教融合，是国内高校和教师面临的突出问题。一是科研和教学的相对独立。当前，我国大部分高校科研和教学仍分属两个相对独立的组织、管理和运行机制。这种情况容易造成高校科研和教学的矛盾和冲突，从而导致科研成果无法转化成高校的教学资源，形成"两张皮"的局面。二是转换方式单一。科技成果转换为教学资源的常规途径相对单一，很难转变为课程体系的应用，导致研究成果没有发挥出学术及育人的价值。三是教师积极性不高。一方面，科研是一项繁重的工作，需要研究人员付出大量的心力和时间。然而，教师们在从事科研的同时，还要投入大量的时间和精力去转化科研成果为教学资源，这必然挤压教师的科研时间。另一方面，由于高校办学定位或水平层次的差异，对教师聘期考核（职称晋升）指标和考核方式各有不同，导致教师选择单一侧重于科研工作或者教学工作的现象比较普遍。四是缺乏健全的制度。政府和高校仍缺少系统的引导政策、考核评价体系和保障条件。目前高校科研成果转化的体制机制尚未真正形成。高校往往只重视科研成果而忽视对科研成果转化为本科教学资源的政策引导。学校评估没有将教学、科研和人才培养有效协同起来，缺少配套的激励、监督和保障措施，难以调动教师的积极性和主动性，不能保障人才培养质量。

科研与教学是相互依存、相互促进的，科研的提高在很大程度上依赖于教学资料的不断积累，而教学内容的扩展也有赖于科研的有力支撑。为提高高校科研成果转化为教学资源的有效性，建议可从下述几方面着手。

一、构建高校科教融合育人中心

大学应该有两个方面的目标，一是实现高质量的教育，二是促进科研和创新。设立高校科研与教学融合中心将高校的教务和科研两个部门合并在一起，其目标是实现科研和教育的平衡发展。高校进行科研和教学统筹和设计，可以很大程度上促进高校在制定科技发展规划和提升人才培养质量方面统筹部署。设立高校科研与教学融合中心的首要任务是实现独立行政（管理独立、经费独立），真正实现独立于政府、独立于大学，通过市场机制来集聚创新要素。高校科研与教学融合中心的最终目标是面向所有大学（研究型、教学型、职业型等不同层次、不同办学主体、不同学科类型的高校），同时连结大学、企业、研究机构等不同属性的研发主体。这将实现校际互通、资源共享、优势互补、共创共建，促进大学创新能力的提升，实现科学研究—人才培养—社会服务功能的一体化协同发展。

二、创新科研成果转化为教学资源的方式

科研成果转化为教学资源的方式主要有专著、教材、研究论文、研究报告、课程改革、讲座、毕业设计、创新创业成果等形式。科研成果转化为教学资源的评审困难，其原因在于无法深入了解转化的教学资源经历了怎样的过程、解决了哪些问题、采用了何种方法以及产生了什么效果。教学资源不同于科研成果，是在实际工作中干出来的，要以人才培养的实际成效作为检验标准。因此，这项工作的考评难度很大，目前高校的量化考核数据无法真正衡量其成效。在数字技术高速发展的时代，高校应该创新教学资源转化方式，改变考评标准，鼓励使用数字化教学工具和手段并将科研成果应用到需要的教学情境中。除此以外，科研人员还可以和专业网络公司合作，通过短视频等方式进行科普教学，将研究成果浓缩成系列科普视频，打破高校的范围限制，面向全社会进行教学。

三、提升教师科研成果转化为教学资源的积极性

高校教师的时间和精力是有限的，把有限的时间和精力投入到教学活动中多一些，投入到科研中的就会少一些，从而导致科研产出的下降。本文建议采取这些措施提高教师的积极性。一是组建科研教学团队。组建科研教学一体化的团队是高校改革的重要方向。根据团队成员研究所长，可以对成员比例进行合理调配。依托团队进行科研课题规划，同时以科研为中心关联相关课程。依托团队共同承担课程教学改革任务，将科研成果与教学内容有机结合，使其高效地融入教学过程。二是建立有利于转化的双向互动机制。高校不但要鼓励教师积极将科研成果转化为教学资源，同时也应鼓励学生、青年教师参与到科研课题的研究中，碰撞出思想的火花，进一步激发创新灵感的产生，从而促进科研成果的产出。三是实行"科研导师制"。科研人员懂技术，缺乏授课经验，高校教师懂教学，但是缺乏最新的科研经验。因此，可以将企业科研人员与高校教师相互结合。针对同一科研方向，共同学习，实现二者的有机结合，促使科研成果转化为教学资源，真正释放高校教师工作压力，提升教学水平。总之，高校需要科学的制定相关管理办法，提升教师转化科研成果为教学资源的积极性。

四、完善高校科研成果转化激励方案

高校教学本身就是科研工作的促动因素。教师在教学中发现问题，在此基础上进行进一步的探索和改进对于教学、学生的影响将是直接而明显的。2016年教育部印发的《关于深化高校教师考核评价制度改革的指导意见》中涉及突出教育教学成绩、完善科研评价导向等内容。可见国家非常重视教师的科研评价导向，更加注重教师的科研成果以及科研成果的教学资源转化。高校应及时根据国家政策方针完善教师考核评价制度，激励教师积极参与科研成果的教学资源转化。为更好的引导教师科研方向与教学工作相一致，学校应制定相关政策，鼓励教师在课程体系下展开科研工作并支持科研立项，提高科研成果与教学资源吻合度。在科研成果转化为教学资源的过程中，学校要给予教师授课方式的自主权，不要按传统方式考核教师的授课。教师在教授与科研方向一致的课程时拥有自主权，就能提其将高科研成果转化教学资源的意识，增强科研转化为教学的动机，通过教学效果和业绩提升教师的成就感，这样的激励方案将诞生出一系列优质的课程，从而促进学科体系的发展，提升教学效果，培养出更多优秀的人才。

五、结语

教学与科研是高校可持续发展的两条生命线，教学建立在科研的基础上，科研围绕教学而展开。高校要妥善处理好两者间的关系，坚持以教学带科研，以科研促教学，通过对教学与科研管理体制和运行机制的改革，实现教学与科研的良性互动、和谐发展，促进高校教学质量和科研水平的同步提高，达到培养具有创新能力的高素质人才的目的。

推进我省中医药高等教育高质量发展的若干建议

胡晨骏* 胡孔法** 丁有伟***

摘 要

中医药高等教育高质量发展，能满足我省人民群众对多样化、多层次健康服务的需求，对建设"强富美高"新江苏具有重要意义。针对当前我省中医药高等教育中存在的问题，本文从中医药高等教育现代化、中医药高等教育智慧化转型、中西医结合的高等教育模式和建设高质量中医药高等教育人才队伍四个方面提出具体建议，以推进我省中医药高等教育高质量发展。

一、中医药高等教育事业发展的现实背景

党的二十大报告突出强调，"要坚持教育优先发展、科技自立自强、人才引领驱动，加快建设教育强国、科技强国、人才强国"，首次将教育、科技、人才放在高质量发展之后进行统筹谋划。科技是第一生产力，人才是第一生产要素，高等教育则是教育、科技、人才的重要载体，也是实施科教兴国战略、人才强国战略和创新驱动发展战略的关键支撑。

2022年9月，国家卫生健康委发布《"十四五"卫生健康人才发展规划》提出突出特色加强中医药人才队伍建设，要求以重大项目、计划为抓手，引领和带动中医药学科和人才发展。2023年2月，《中医药振兴发展重大工程实施

---

* 胡晨骏，南京中医药大学教研室主任、民盟南京中医药大学委员会委员和秘书长。
** 胡孔法，南京中医药大学院长、江苏省政协委员、民盟南京中医药大学委员会主委。
*** 丁有伟，南京中医药大学教研室副主任、民盟南京中医药大学盟员。

方案》中要求重点围绕国家战略需求及中医药重大科学问题，布局一批中医药科技创新重点项目和关键技术装备项目，加强中医药科技创新体系建设，提升传承创新能力，加快推进中医药现代化。

二、我省中医药高等教育高质量发展面临的问题

新时期江苏省的中医药传承创新发展需要高素质人才和现代科学技术的引领与支撑。当前，江苏省在中医药基础理论和中医药创新发展等关键科学技术领域仍有很大的提升空间，同时高层次人才不足、基层人才短缺、结构分布不均衡仍是制约中医药发展的主要因素。

"十四五"时期是中医药振兴发展的战略机遇期，江苏省迫切需要大批高素质中医药人才，需要构建以中医药为主体、集成并运用多学科技术方法的完整中医药科技创新体系，以确保在中医药基础理论、临床等关键领域处于全国领先地位。解决问题的关键是建立高质量中医药高等教育体系。

三、推进我省中医药高等教育高质量发展的几点建议

（一）推动中医药高等教育现代化

一是推动中医药高等教育学科体系现代化。高校要引入现代科学技术理论和方法，建立现代中医药教育学科体系，促进中医药学科体系建设的现代化和交叉融合发展。高校要在进一步完善学部制建设基础上，加强化学、生物学等基础学科建设，重视现代信息技术在基础学科体系中的作用。高校要通过人工智能、计算化学和结构生物学等交叉学科，深度解析中医药临床诊疗方法和经验的现代科学基础，尝试构建现代中医药基础理论体系。高校要引入现代科学分析技术，对中药材进行分析和鉴定，确保中药材的质量，利用现代制药技术，制备出高效、稳定、可控制的中药制剂，利用区块链和物联网技术，实现中药质量全流程监控，在"新工科"背景下建设多学科交叉融合的中药学学科体系。二是推动中医药高等教育人才培养体系现代化。高校要完善中医药专业体系建设，强化高等中医药学卓越人才培养体系建设，建立符合现代健康需求的多层次中医药人才培养体系。高校应修订完善中医药课程标准和教学大纲，编写符合现代科学技术要求的中医药教材和教辅材料，同时加强实践教学，注重临床实践和科研训练。政府应加大对中医药教育的资金和资源投入，提高教学设备、实验室和图书资料等方面的配套力度，加强中医药教育与科研、临床实践的结合，促进中医药高等教育人才培养体系现代化。

（二）推进中医药高等教育智慧化转型

一是推动中医药高等教育教学资源智慧化。政府应在已有的中医药教学资源数字化基础上，利用云计算等技术方法，研究建设智慧化中医药高等教育教学资源库，将人工智能技术融入中医药高等教学的全过程，以中医药专业核心课程为主，建立中医药数据汇聚、分析、挖掘、展示的教学平台，在智慧场景搭建、教育数据智能分析等方面先行先试，针对不同场景教学，营造以学生为中心的多元教学氛围，方便学生随时进行智能交互式在线学习。

二是推动中医药高等教育实践教学智慧化。政府应建设智慧化中药实践教学平台，利用物联网技术和大数据技术，对中药实验室设备的数据进行采集和管理，基于虚拟化技术，让学生能在虚拟化环境下进行中药研究实践操作。同时，政府应研发集成名老中医的辩证思维的接近人类智能水平的在线辅助诊疗实践教学平台。以名老中医真实诊断案例为基础，让学生进行模拟病例诊断等实践操作。在智能隐私屏蔽的基础上，通过虚拟现实等技术进行中医师承教学实践，扩大名老中医的中医师承实践教学覆盖面，增强中医临床实践教学效果。

（三）强化中西医结合的高等教育模式

一是整合中西医教育体系。在课程体系设置上，中医和西医的课程需要进行整合，使学生在学习中能够形成全面、系统的中西医知识结构。设置中西医结合的综合课程，将中西医学的基本理论、诊断、治疗等知识结合起来，进行一体化教学和讨论。为培养中西医结合的医学人才需要加强中西医学科师资队伍建设，吸引具有中西医学背景的优秀教师参与教学，提高教师的教学水平和教学质量。二是创新中西医教育方法。在教学方法上，高校可以采用案例教学、问题导向教学、病例分析教学等方法，引导学生探索中西医结合的诊断和治疗方法。采用现代科学技术，帮助学生更好地理解和实践中西医结合的理论和方法。高校应加强中西医结合的实践教学基地建设，培养学生的临床能力，还可以通过临床实习、病例分析等方式，帮助学生掌握中西医结合的诊断和治疗技能。

（四）建设高质量中医药高等教育人才队伍

一是加强中医药高等教育人才队伍培养。高校应以国家级和省级人才项目为支撑，通过培育和引进高层次人才，强化临床医学、基础医学和生物医学人才队伍建设，提高中医药高等教育师资队伍的整体水平，在中医学科方向建设好国医大师、岐黄学者和青年岐黄学者等多层次的中医临床人才队伍。高校应加强与国内外知名高校和研究机构的合作，建立共享资源和交叉融合的创新团队，引进国际先进的教学理念和技术手段，提高中医药高等教育的国际化水平和竞争力。高校要建立健全的师资培训制度，为中医药高等教育师资队伍提供专业的培训和进修机会，让教师不断提升自己的教学能力和水平。二是建立完善的中医药高等教育人才激励机制。高校应建立相应的激励机制（如提高教师的工资待遇和职称晋升机会，为中医药高等教育师资队伍提供良好的工作环境，以江苏省历史上的中医名家命名，设置多层次人才项目和荣誉，提升师资队伍工作主动性和荣誉感，建立合理的中医药人才梯队）。高校要鼓励教师参与科研创新活动，培养和提高教师的科研能力和实践能力，建立教学和科研并重的师资队伍，为中医药高等教育提供更加科学和实用的教学内容和方法，吸引更多的交叉学科人才来中医药领域发展，推动中医药高等教育的高质量发展。

推进新时代教育、科技、人才"三位一体"高质量协同发展

杨晓丽[*]

摘 要

党的二十大报告强调"教育、科技、人才是全面建设社会主义现代化国家的基础性、战略性支撑"。本文深刻把握教育、科技、人才"三位一体"是推进中国式现代化的客观要求,指出了教育、科技、人才协同发展存在的问题,强化了新时代教育、科技、人才工作融合发展路径,形成了新时代教育、科技、人才"三位一体"推进策略。

党的二十大擘画了以中国式现代化全面推进中华民族伟大复兴的新蓝图,特别强调"教育、科技、人才是全面建设社会主义现代化国家的基础性、战略性支撑",要求"加快建设教育强国、科技强国、人才强国",把教育、科技和人才工作上升到前所未有的战略地位,内涵丰富、意蕴深远、意义重大。

在提及教育、科技、人才时,人们常常想到"两问"。一个是"钱学森之问",即为什么我们的教育事业总是培养不出杰出的科技创新人才?另一个是"李约瑟之问",即为什么中国古代对人类科技发展做出了很多重要贡献,但近代的科学和工业革命没有发生在中国?二者都涉及教育、科技和人才这三个问题。因此对教育、科技、人才之间的逻辑辩证关系要有更为深刻的认识,要深刻把握三者内在规律和发展逻辑,全面提高人才自主培养质量,全面提升科技

---

[*] 杨晓丽,江阴市山观高级中学副校长、中学高级,江阴市政协委员、民盟江阴市委委员、民盟江阴市一中支部主委。

创新能力，为高质量发展提供新动能、新优势。

一、教育、科技、人才协同发展存在的问题

（一）三位一体的内在机理不协调

从教育、科技、人才内部的逻辑关系来看，高质量发展依靠科技，教育培养人才，人才支撑科技，科技又反哺和促进教育和人才工作。因此，只有把教育、科技、人才作为一个各自独立又相互联系的整体来谋划，找准三者衔接互补的着力点，才能真正激活和发挥这一整体的最大优势，形成撬动经济社会高质量发展的最强支点。而教育、科技、人才在国家和地方的管理体制中，分属不同职能部门，一体化推进中存在无形阻力和制度成本。

（二）高等教育的治理体系不完善

目前，高等院校在推进职普融通、产教融合、科教融汇上的力度还不够，与基础教育、继续教育的衔接还不到位，同新发展格局相适应的教育结构、学科专业结构、人才培养结构仍需优化，在造就复合型、创新型、应用型、技能型人才及后备人才中发挥的力量有限。

（三）企业创新的参与程度不高

从企业角度看，企业作为经济活动的基本单元，直接面向市场，对产品创新、产业创新非常敏感。同时，企业也是科技需求的主要提出者，是科技成果市场价值的最终实现者，所以从这个角度来看，企业是最活跃的创新力量。而企业界作为人才需求方，如果继续缺席教育改革，教育与社会、企业的供求失衡局面很难得到根本改善。

二、一体化视域下教育、科技、人才协同高质量发展的建议

面对新时代、新要求，要实现教育、科技、人才一体化推进，必然要考虑其内在的关联统一性，即三者共同关联于新一轮科技革命，共同指向中国式现代化建设，并最终统一于人的现代化。三者的融合发展必须以教育为动力源，各项政策应致力于促进三者的协同发展，推动三者之间的螺旋互促和动能转化。

（一）强化联合：健全制度供给，塑造科技、教育、人才相互贯通协同的新保障

一体化推进教育、科技与人才工作，需要打破体制机制障碍，优化政府领导分工，促进不同部门工作人员的流动和跨部门培养，统筹考虑教育、科技与人才资源配置，建立跨部门联席制度，在三者的良性互动、协调互促和衔接发

展中更好地发挥"集成"功能，提升创新整体效能。

①建立健全科研保障制度。现阶段，公益性科研机构与中央高校都设有"基本科研业务费"。未来，应积极推动各类院校都设立"基本科研业务费"，始终以科技创新、教育发展、人才培养为中心，开辟全新赛道，强化制度供给。

②建立健全揭榜挂帅制度。"揭榜挂帅"也可称作"科技悬赏"，是通过科研成果来兑现的科研经费投入机制，通常是为了破除社会特定领域的技术困境，由政府组织面向全社会开放的、专门征集科技创新成果的非周期性科研资助安排。当前，揭榜挂帅攻关制度备受各方追捧，已经成为各行业各部门组织项目的典型模式。

③建立健全负面清单制度。负面清单是关于国民待遇及市场准入问题的限制。当前，很多国家已经采用了这种制度，在推动市场开放的同时，重视对敏感产业的保护。在统筹强化科技、教育、人才相互贯通协同的过程中，也可以学习参考这种做法。特别是在科研领域，负面清单不但能够划定科研活动的具体界限，而且还能够通过制度设计的方式来管控科研经费。人才在科技创新过程中处于主体地位，负面清单制度是为人才减负的重要渠道，可有效激发人才的创造力。

（二）构建平台：聚焦高等教育，搭建科技、教育、人才相互贯通协同的新桥梁

面向未来，高校在创新创业人才培养上要坚持为党育人、为国育才，进一步明确定位、做好顶层设计。产教融合作为促进科技、教育、人才相互贯通协同的重要途径，在新时代科技、教育、人才事业的高质量发展中将会发挥更大的作用。构建新型产教融合平台，应当坚持团队共建、平台共筑、难题共克的基本原则，搭建科技、教育、人才相互贯通协同的新桥梁。

①坚持团队共建原则，主动对接国家战略。校企团队建设是实现产教融合的关键所在，而其核心便是确定共同的目标。在校企团队共建过程中，应当始终坚持"四个面向"的目标，紧盯学科前沿领域，对接国家重大战略需求，服务国家重大项目，不断提高人才培养能力及自主创新能力，塑造创新驱动发展的新优势、新动能，为实现更安全、更高质量的发展目标提供强有力的支撑。

②坚持平台共筑原则，打造全链条式平台。平台建设是实现产教融合的根本前提，而其重点在于实现校企双方的优势互补。校企共建平台，实现优势互补，打造集人才培养、科研创新、成果转化等于一体的全链条式创新平台，进一步加强科技成果产业化水平，培养造就更多青年科技人才和卓越工程师。

③坚持难题共克原则,加快科研成果转化。校企双方联手攻关的重点在于力量整合与需求对接。在联合解决难题的同时,不仅能够对人才进行培养与锻炼,加强高校学生与青年教师解决复杂工程问题的能力;而且还能够促进科研成果有效落地。

(三)深度融合:加强企业主导,激活科技、教育、人才相互贯通协同的新动能

企业是科技创新的主体,鼓励支持企业加大科技创新投入,既有助于科技成果转化为有市场竞争力的产品,更有助于国家做大做强科技产业,实现国家科技发展战略,增强国家的科技创新实力。加强企业主导的产学研深度融合,衔接人才链、创新链与产业链,可有效激活三者相互贯通协同的新动能。

①从科技角度来看,政府要努力构建以科技型中小企业为基础,高新技术企业为支撑,创新龙头企业、"瞪羚"企业、隐形冠军企业为引领的创新企业集群,支持龙头企业牵头组建创新联合体,形成创新人才的集聚地。在国家重点急需领域构建龙头企业牵头、高校院所协同支撑的创新联合体进行原创性、引领性的科研攻关。政府还要创建长效机制,倡导企业界建立支持教育改革和发展的常设机构。

②从教育角度来看,需进一步提高基础研究人才储备的"量"与"质",建立基础研究人才库。教育是前提,一要注重提高青少年群体的基础能力和科技兴趣,做好基础研究"接班人"的培养工作,二要不断加强高等教育阶段在高校和企业联合培养人才方面的成效。

③从人才角度来看,需进一步完善科研生态与科研环境,创建有益于释放基础研究人才潜能的"软环境"。优良的科研生态与科研环境,是提高人才积极性的根本前提。参考发达国家缩减过程评价、延长资助周期等做法,加速构建以"创新贡献、能力、价值"为关键导向的人才评价机制注重突出人的主体作用,全面激活人才的创新动能。

三、结语

"天下之事,虑之贵详,行之贵力",让教育、科技、人才协同发展、相互促进,发挥更大的功效,需要将教育、科技、人才工作放在更加突出的位置,精力向之倾注、智慧向之浇灌,构筑三者比翼齐飞之势,为建设社会主义现代化强国提供不竭动力。

以"一带一路"为契机,基于成果导向教育的科产教融合提升我省海洋科学类人才培养质量的对策建议

冯志华[*]

摘 要

海洋科学类人才培养是服务海洋强国建设的重要支撑,我国拥有丰富的海洋资源和广阔的海洋开发空间,对海洋科学类人才的需求规模越来越大。"一带一路"倡议实施以来,我国与沿线国家在海洋领域的合作日益密切,对海洋科学类人才也提出了更高的要求。以成果导向教育理念为指导,以培养学生创新能力为核心,通过科产教融合,改革人才培养模式,提高人才培养质量,有助于全面提升江苏高校的人才培养质量,对"一带一路"倡议背景下江苏高校服务地方经济建设具有重要意义。

一、前言

建设海洋强国是中国特色社会主义事业的重要组成部分,而海洋产业结构的健康、稳健升级是建设海洋强国的重要内容。"一带一路"倡议的提出,体现了国家陆海经济统筹发展的新理念,为我国海洋开发带来了新机遇。进入21世纪,海洋经济发展已成为全球关注的新议题,作为海洋大国,海洋经济是我国国民经济发展的重要组成部分。随着海洋强国建设和海洋强国战略的推进,

---

[*] 冯志华,江苏海洋大学海洋科学与水产学院副院长、教授,民盟连云港市委委员,民盟江苏海洋大学总支副主委。

海洋产业高质量发展对人才的需求更加迫切。建立一支海洋科技人才队伍，已成为我国"海洋强国"战略中不可缺少的一部分。高校作为人才培养的主阵地，应积极主动对接国家和地方产业发展需求，围绕海洋科技创新和人才培养开展深度合作，协同培养适应海洋经济高质量发展需要的创新型、复合型、应用型人才。同时，高校应充分发挥自身在知识创新、成果转化方面的独特优势，加强与涉海企业等用人单位的合作交流，推动校企合作模式向多样化、多层次转型发展。

近年来，成果导向教育（OBE）在欧美等发达国家得到广泛应用。OBE倡导以学习者学习成果为导向的教育理念，认为学习的重点不在于学生的成绩，而是学习结束后学生真正拥有的能力。海洋科学类人才的培养目标是以解决实际问题为导向，培养具有坚实的海洋科学基础和宽广的知识结构，具有一定的创新能力，能够在海洋相关行业、部门从事科研、生产、经营、服务等工作的高级应用型人才。科产教融合是我国高等教育发展的必然选择，如何通过科产教融合提升海洋科学类人才培养质量是一个亟待解决的问题。本文建议坚持成果导向教育理念，通过科产教融合构建新时代海洋人才培养体系，培养更多海洋类人才，推动海洋领域科技创新和人才培养水平的全面提升。

二、海洋科学类人才培养质量提升的对策建议

（一）政府引导，高校积极参与

科产教融合是指通过政府引导，高校、科研院所、企业等相关单位相互配合，实现人才培养和社会需求的有机统一，是一种可持续发展的教育模式。我国当前经济发展和科技进步需要大量的人才，科产教融合也将会是我国人才培养模式改革的重点和难点。政府要充分发挥引导作用，积极推动高校、科研院所、企业等相关单位参与到科产教融合的过程中来，使其相互融合、协调发展。

1. 加强顶层设计

提升高校人才培养质量，需要加强顶层设计，在国家层面对产科教融合的体制机制和政策进行顶层设计和统筹规划，引导高校聚焦海洋领域高层次人才培养，构建服务于海洋强国建设的海洋科技创新人才培养体系。建议教育部通过深化科研体制改革、鼓励科研人员服务国家重大需求等措施，提高高校开展产科教融合的积极性。同时，政府要鼓励高校积极参与国家重大海洋科技创新项目和平台建设，充分发挥其在海洋科技创新和人才培养方面的引领作用。

2. 高校加强师资建设

在人才培养过程中，师资队伍建设是关键环节。为了提升海洋学科人才培养质量，高校必须重视师资队伍建设，让更多的专业教师参与进来。第一，高校要鼓励教师积极开展科学研究、科技成果转化等工作；第二，高校要通过多种途径引进和培养优秀师资，建立稳定的师资队伍；第三，高校要建立有效的师资流动机制，促进不同学科之间的相互交流和融合；第四，高校要鼓励教师积极参与科研项目或科研课题研究工作；第五，高校要鼓励教师积极开展社会服务工作。

3. 高校与企业积极合作，推动教育资源共享

高校可以根据自身发展情况与企业开展项目合作，积极参企业研发，将企业先进的生产技术和科研成果引入到高校教育教学活动中来。充分利用自身在科技攻关、技术革新和产品研发方面的资源优势，帮助企业解决科研难题。在此过程中，高校应注重校企合作机制建设，建立以校企合作为纽带、以产学研合作为主体、以学生实习实践为基础、以培养学生创新精神和实践能力为重点、以解决生产实际问题为目的的产教融合机制。此外，高校还要积极推进教育资源共享机制建设，实现教育资源在高校、科研院所以及企业之间的共享。

（二）科教融合，把一流海洋科研成果应用于教学

1. 高校教师与科研人员合作教学

高校在开展科学研究的同时，可通过组织教师与科研人员进行合作，以科研带动教学。一方面，将高校的科研资源和科研人员的实践经验进行有机结合，以解决教学中所遇到的实际问题；另一方面，通过科研项目合作，促进师生之间的交流与互动，不断提高教师的教学水平和学生的科研能力。在教学过程中，校内教师可利用与企业技术人员建立起的良好关系，针对现有教材内容和实践环节中存在的问题进行有针对性地调整。同时，高校可以通过与企业合作，引进海洋科研成果转化为教学资源，既丰富了学生对海洋科学知识的理解和掌握程度，也加强了学生对专业知识的学习兴趣。

2. 打造专业教学实践基地

高校与企业建立教学实践基地，在培养学生动手能力、提高学生综合素质的同时，也能进一步促进海洋科技成果转化，为企业提供更多的科研项目支持。同时，校企合作打造的教学实践基地能够有效解决现阶段实践环节中存在的问

题，在提高学生创新能力和实践能力方面起到重要作用。这些实践基地不仅为学生提供了良好的实践机会和平台，也进一步推动了校企合作工作的开展，促进了科技成果转化和产学研合作。校企合作建设一批海洋科技成果转化平台、实践基地和教学示范中心开展科学研究、人才培养及产学研合作，将科研成果转化为教学内容，为学生提供实践机会和创新平台。校企合作是推动现代海洋科技成果转化应用，全面提升人才培养质量的有效途径。

（三）产教融合，优化海洋科学专业设置

目前，江苏省海洋科学类专业设置不能适应地方经济发展需求，专业设置缺乏科学性，这是江苏省海洋科学类人才培养面临的一个突出问题。在"一带一路"倡议下，江苏省海洋科学类人才需求进一步加大，这就要求高校优化海洋科学专业设置，以 OBE 教育理念为指导，对接需求，根据产业发展设置相应的学科方向和课程体系，为"一带一路"建设提供多层次、宽口径的高素质人才。

1. 优化现有专业

高校要以建议海洋强国为目标，对现有海洋科学类专业进行优化调整，要面向世界一流和国际前沿，结合国家的战略需求、地方的区域优势和特色产业等，从强化学科交叉融合、适应社会发展需要、服务地方经济社会发展等角度出发，对现有海洋科学类专业进行优化调整。

2. 建立学科交叉融合机制。

在高校设置学科交叉融合机制方面，目前我国部分高校已经进行了一些有益探索和实践。例如，浙江海洋大学与中国科学院海洋研究所共同建设的"蓝色药物与生物技术协同创新中心"就采用了一种有效的学科交叉融合机制。该中心以我国自主创新的海洋药物研发平台为基础，充分发挥中国科学院、浙江大学和浙江师范大学的技术优势、人才优势和产业优势，通过整合学科资源、优化师资结构、完善协同机制等多种措施，尝试建设具有国际竞争力的一流学科交叉融合平台。

3. 建立海洋科学专业群

建设海洋科学专业群是江苏建设"一带一路"战略支点的必然要求。以江苏海洋大学为例，已开设海洋科学、海洋技术、海洋资源与环境三个海洋科学类专业。在此基础上，江苏要加快建立一批海洋科学专业群。江苏高校可依托优势学科和优势科研团队，通过科研项目合作、设立研究生培养基地、共建教学实习基地等方式，构建以海洋科学为主导、多学科交叉融合的学科专业群。要发挥学科的优势和特色，围绕区域发展需求和产业发展趋势，培育具有国际竞争力的优势特色学科专业群和学科点。同时，江苏高校还要加强与国内其他地区和"一带一路"沿线国家的合作交流。

（四）"科产"融合，发挥海洋人才优势，激活海洋经济发展潜力

江苏在科研开发和企业结合上不紧密，建议加大海洋基础学科研究力度，遴选一批重大课题、重大项目、关键技术，实施揭榜挂帅制，发挥人才优势，将科研成果与产业紧密融合，推动技术创新和成果转化应用，发挥科技成果在海洋产业中的重要作用，不断提升江苏海洋产业整体水平。

目前，为推动海洋产业关键技术攻关和高层次人才集聚，加快海洋产业转型升级步伐，福州、泉州、威海等多个城市已经发布海洋产业重点技术"揭榜挂帅"项目。江苏也应加快步伐，尽快发布"揭榜挂帅"项目，促进科产融合，并根据项目有针对性的进行海洋科学人才的科产教融合培养。

三、结语

科产教融合是高等教育适应经济社会发展需求的必然选择。高校作为培养创新人才的主阵地，应当紧紧围绕海洋强国战略目标，在海洋强国建设过程中，积极响应国家号召，主动作为、勇于担当，主动适应经济社会发展需求，不断提升高校人才培养质量。同时，高校也要充分发挥在科研和创新成果转化方面的优势，不断加大与海洋产业的合作力度，通过协同创新模式提升高校创新人才培养质量，为建设海洋强国和"一带一路"倡议提供强有力的科技支撑和人才保障。

在教育"双减"中做好科学教育加法的探索与思考

——以泰州科技教育为例

李新荣[*]

摘 要

在教育"双减"中,以科学教育为核心,以创新人才培养为目标,通过加强科学精神培育、策应"英才计划"和"强基计划"、实施青少年科学教育"点亮工程"等措施,推动科学教育与"双减"工作紧密融合。泰州还通过建设"科学家精神教育基地"、搭建"云科学"综合素养教育服务平台、推进学校标准实验室或科技教育实验场馆建设等措施,加强科学教育资源供给和师资引培,提高科学教育质量和水平。泰州的科学教育加法为培养创新人才提供了有益的探索和实践,可以为其他地区提供参考和借鉴。

科学点亮未来,创新成就梦想。党的二十大报告提出,要全面提高人才自主培养质量,着力造就拔尖创新人才。习近平总书记在中共中央政治局就加强基础研究进行第三次集体学习时提出"要在教育'双减'中做好科学教育加法"。加强中小学学生科学精神培育,服务创新人才培养成为当下教育关注的重点。

近年来,泰州发挥基础教育优势,在推进青少年科学教育,培养科技后备人才方面进行了一些有益探索。在人才选拔上,泰州积极策应"英才计划"和

---

[*] 李新荣,泰州市教育局副局长、泰州市政协常委、民盟泰州市委副主委。

"强基计划",在优质高中实施拔尖创新后备人才培养工程,实行特长录取和综合录取相结合,构建有突出潜质学生早期发现并及时培养机制,修订普通高中特长生自主招生办法,将科创类特长生纳入自主招生范围,发挥了良好的导向作用。在人才培养上,泰州实施了青少年科学教育"点亮工程",针对学龄前儿童、小学生、中学生不同特点,系统谋划科学教育的内容、目标和实现的路径、策略。泰州将学生创新素养培育贯穿各学段,推动全市中小学开齐上好科学课、实验课、通用技术课,实现学段间、校内外互通衔接。泰州在江苏省率先出台《关于"双进"助力"双减"科普专项行动实施方案》,实施"六百"工程(举办100场科普专家讲座、征集100个"科学家故事"、开发100个科学素养系列课程和科普"资源包"、培育建设100个中小学优秀科技社团、组建100个科技志愿服务队、推动"科普大篷车"进100所学校),推动科学教育与"双减"工作紧密融合。在资源建设上,泰州在院士旧居建设"科学家精神教育基地",邀请科学家开展科普讲座、播撒科学种子、传授科学知识,与研究院合作,搭建江苏省首个"云科学"综合素养教育服务平台,开发科学素养系列课程,丰富学校课后服务内容。泰州为加快师资引培,建设青少年科学教育名师工作室,目前已培养6名科学教育名师、64名科技辅导员,聘任101名校外科技辅导员。泰州为推进学校标准实验室及科技教育实验场馆建设,配齐配足实验人员及实验设施,计划到2025年,在全市中学建成标准实验室或者科技教育实验场馆等,中小学实验仪器配备率达100%,基础性实验(必做实验)开出率达100%。

泰州青少年科学教育工作取得了一些成效,但受应试教育和传统观念影响,科学教育常常面临被忽略、被轻视的窘境,在推进过程中仍有不少问题和阻力亟待解决。一是培养体系有待完善。学生创新素养培育未真正贯穿各学段、各学科。高校拔尖创新人才的培养与基础教育特别是义务教育衔接不够,创新人才成长通道有待进一步畅通。二是教育形式有待丰富。校内科学教育资源不够丰富,导致课堂教学和课后服务质量和水平不高。学校与校外科技场馆合作不够,校外优质资源未能引入校园。三是资源供给有待加强。基础教育阶段师资力量不强,各学段专职科学教师、科技辅导员、实验员配备不足,由其他学科教师兼任现象普遍存在。部分学校因设备不够、经费不足等因素,无法提供良好的实验和科创条件,学生无法在动手实操中增强发现问题、解决问题的能力。

基础教育阶段的科学教育肩负培养青少年科学兴趣、科学志向的重要使命，亟须做好四个方面"加法"，切实发挥人才培养的基础性作用。

一、做好科学课程体系构建"加法"

教育主管部门遵循各学段学生认知特点和学习规律，实施分层教育，优化中小学课程设计、教学内容和教学方式，建立多元化的创新素养培育体系。学前阶段应加强启蒙教育，幼儿园保教工作应融入科学启蒙和生活技能教育内容，激发保护儿童好奇心。义务教育阶段，学校应深化科学课程教学改革，聚焦兴趣养成，大力开展项目化学习和特色化活动，保持学生好奇心，点燃学生科学热情，激发学生求知欲。高中阶段，学校应开齐上好信息技术课、通用技术课和实验课，开展高层次科学实践活动，强化学生实践操作能力。教育主管部门应积极策应"英才计划"和"强基计划"，在优质高中实施拔尖创新后备人才培养工程，选苗关注科学素养和创新潜质，构建联合发现、贯通培养的课程体系。

二、做好科学教育资源供给"加法"

一是丰富内容形式。教育主管部门以"请进来"的方式，引进一批优秀科普人才和科普机构，帮助学校打造各具特色的校本科学教育活动品牌，提升科学课程实施质量和水平。教育主管部门以"走出去"的方式，加强学校与科技场馆、高校实验室、科普基地等机构的合作互动，探索建立有效的合作机制，建设一批校外科学教育实践基地，发挥各行业开展科普教育的资源优势，让科技馆、科普基地、青少年实践基地等成为学校教育的有益补充。二是广泛开展活动。学校应举办"校园科技节"等各类科技科普活动，加强学校科学教育氛围，开设一批特色鲜明的科技活动社团，丰富课后服务内容，满足学生科学素养培育个性化需求。政府应利用线上线下手段，将优质科普资源送到偏远学校，均衡教育资源，解决科教资源不足的现状。三是加大保障力度。政府应推进校园标准实验室及科技教育实验场馆建设，配足配齐中小学实验仪器，开齐开好基础性实验（必做实验），让每所学校的孩子都有机会走进实验室开展科学探究实验。

三、做好科学教师队伍建设"加法"

在引育方面，政府应加强科学教师队伍需求测算，加大科学课程教师的配备和培养力度，解决师资力量不足问题，推动师范院校面向科学教师补充需求，扩大中小学教育专业招生规模，培养一批高素质专业化创新型科学教师后备人才。在培养方面，教育主管部门应健全科学教师培养体系，优化科学教师在职培训，发挥名师引领及辐射作用，统筹制订科学类课程教师培训计划。教育主管部门应探索社会力量参与科学教师培养途径，利用科技馆和科普教育基地等社会科普资源及科技创新第一现场开展教研，加强中小学教师新科技知识技能、科学精神、科技创新能力培训，促进教师科学素养和教育教学水平的整体提升。在管理方面，教育主管部门应优化教师评价和保障机制，对教学成绩优秀、辅导成果显著的科学教师在职称评定、享受待遇、评价考核、激励奖励等方面给予政策倾斜，创造激发科学教师干事创业的良好制度环境。

四、做好科学培育氛围营造"加法"

学校应密切家校联系，通过家长委员会、家长学校等载体，教育引导家长转变观念，让家长更加重视孩子的兴趣培养和潜能激发，重视人文精神涵育。政府应鼓励有条件的家庭，多带孩子去科技、天文、仿生、人工智能等场馆参观体验，积极营造浓厚的科学教育氛围，培养青少年的科学素养和科技创新意识，培养具有科学家潜质、愿意献身科学研究事业的新时代少年。教育主管部门应组织开展公益性科技研学活动，让广大青少年有更多机会接触社会、走近自然、深入基地，了解科技成果、感悟科学魅力。

以人工智能普及为突破口
实现教育、科技、人才战略的有机融合

汤卫明[*]

摘 要

开展中小学人工智能普及工作是实现教育、科技、人才战略有机融合的着力点和发力点,是实现三大战略协同配合、系统集成,共同塑造发展新动能、新优势的关键。为此,本文在分析当前江苏省人工智能发展现状、周边地区中小学人工智能普及先进经验的基础上,提出从切实提升该项工作的高度、广度和深度三个方面来更好的实现教育、科技、人才的有机融合。

党的二十大报告首次将"科教兴国战略、人才强国战略、创新驱动发展战略"三大战略放在一起专章阐述,将教育、科技、人才整合到一起进行系统谋划,共同服务于创新型国家建设。这既坚持了教育、科技、人才是全面建设社会主义现代化国家的基础性、战略性支撑,又强调了三者之间的有机联系,是党中央对社会发展动力的科学判断,更是面对激烈国际竞争引领未来的历史选择。当前,如何找准教育、科技、人才战略有机融合的着力点和发力点,是实现三大战略协同配合、系统集成,共同塑造发展新动能、新优势的关键。人工智能作为一种新兴技术,正深刻改变着人类生产生活方式和思维方式,对经济发展、社会进步等方面产生重大而深远的影响。因此以人工智能普及为突破口,实现教育、科技、人才战略的有机融合,必将大有可为,也将大有作为。

当前,世界主要国家都高度重视人工智能发展,我国亦把新一代人工智能

---

[*] 汤卫明,苏州市吴江区人大常委会副主任、民盟苏州市委副主委、民盟苏州市吴江区委主委。

作为推动科技跨越发展、产业优化升级、生产力整体跃升的驱动力量。江苏省是较早布局人工智能产业的省份之一，目前全省共拥有人工智能相关企业近 1000 家，带动相关产业产值超千亿元，涵盖智能软件、智能机器人、智能传感器、智能制造等多个领域，并涌现出了一批领军企业，在语音识别、智能机器人、智能传感等领域形成了较强的技术创新力、行业影响力和核心竞争力。这些成绩的取得与江苏省加快人工智能相关人才的培养密切相关。随着人工智能行业的发展，据相关部门测算，我国人工智能人才目前缺口超过 500 万，国内的供求比例为 1∶10，供需严重失衡。同时，我国各高校培养输送的相关人才只占市场所需人才的 30%—40%，人工智能人才培养数量不足问题突出。可见，不断强化人工智能教育的力度，补齐人才短板，既是迎接人工智能时代挑战的当务之急，也是实现教育、科技、人才战略有机融合的长期任务。

人工智能人才的培养是一个系统性工程，全面提升中小学学生对人工智能的认知水平和学习兴趣，激发他们对人工智能的好奇心和想象力，增强他们在人工智能方面的科学素养和创新能力，从而建设从小学到中学再到大学院校的全国人工智能人才梯队尤为重要。

国家对中小学加快普及人工智能工作是非常重视的。早在 2017 年国务院印发的《新一代人工智能发展规划》中就指出"实施全民智能教育项目，在中小学阶段设置人工智能相关课程，逐步推广编程教育，鼓励社会力量参与寓教于乐的编程教学软件、游戏的开发和推广。"在 2019 年，国家教育部在其公布的《2019 年教育信息化和网络安全工作要点》中就明确指出"推动在中小学阶段设置人工智能相关课程"。在这样的大背景下，全国各地都在积极探索这一工作。浙江温州市于 2022 年 3 月正式发布《温州市中小学推进人工智能教育实施方案》，启动实施中小学人工智能教育"五个一"工程，即打造"一校一 AI 课程、一校一 AI 团队、一校一创新项目、一校一智能空间、一校一品牌活动"的人工智能教育生态体系，推动人工智能与基础教育深度融合，将人工智能列入温州中小学课程体系。到 2025 年，温州将建成 1000 所人工智能教育实验校，实现人工智能教育全覆盖，青少年创新素养教育将惠及每个家庭。苏州市为进一步贯彻落实全国"智慧教育示范区"创建要求，在全市中小学开设人工智能相关课程，开展人工智能教学活动，全面提升中小学学生对人工智能的认知水平和学习兴趣，提高青少年的科学素养和创新能力，制定了《苏州市人工智能教育实验学校评选办法》，计划到 2024 年末使超过 60% 的学校成为苏州市人工智能教育实验学校。

当前，对中小学生开展人工智能普及工作仍处于实践和探索阶段，所取得成绩也是阶段性的成果，离立足于人工智能时代的需要，立足于填补国内人工智能等高新技术领域人才的巨大缺口的需要，立足于打造世界人工智能产业高地的需要来提升青少年群体的人工智能素养，还有一定的差距。为此建议：

一、要在全社会营造中小学普及人工智能工作的浓厚氛围，切实提升该项工作的高度

党的二十大报告中指出："要坚持教育优先发展、科技自立自强、人才引领驱动，加快建设教育强国、科技强国、人才强国，坚持为党育人、为国育才，全面提高人才自主培养质量，着力造就拔尖创新人才，聚天下英才而用之。""计算机普及要从娃娃抓起"这一举措，必将改变许多人的一生，也标志着一个时代的开始。因此，无论是政府相关部门还是学校和家庭等参与基础教育的重要组成部分，都要深刻认识到培养什么人、怎样培养人、为谁培养人是教育的根本问题，围绕中小学生为什么要开展人工智能普及、怎样开展普及和开展人工智能普及及重点让学生学什么等事关这项工作成效的关键，统一认识、形成合力、务实推进，把这一工作作为实现为党育人、为国育才，培养担当民族复兴大任的时代新人的具体实践，作为实施科教兴国战略，强化现代化人才支撑的具体举措，作为办好人民满意的教育，坚持德、智、体、美、劳——"五育并举"的教育思想，全面发展素质教育的有益探索。

二、利用好一切平台和载体开展好针对中小学生的人工智能普及工作，切实提升该项工作的广度

让各年龄段的中小学生通过不同的教学方式就近接受人工智能普及教育是抓好这一工作的重点。教育部门和学校要充分发挥主体作用，高度重视人工智能与基础教育的融合发展，围绕构建智慧学习环境、探索智慧教育模式、助推教师队伍建设、提升教育治理能力等方面大力开展中小学生人工智能普及工作；要充分发挥青少年科技活动中心和科技馆的作用，为中小学生开展人工智能普及工作提供形式多样、内容丰富的活动；要有效调动校外培训机构的积极性，结合当前开展的校外培训机构专项治理工作引导非学科类校外培训机构积极开展编程、机器人、科学实验等科技类课程及能力等级考试培训服务；要充分发挥科技工作者的作用，按照国务院印发的《新一代人工智能发展规划》中提出的支持开展形式多样的人工智能科普活动，鼓励广大科技工作者投身人工智能的科普工作，鼓励社会力量参与寓教于乐的编程教学软件、游戏的开发和推广的文件精神，全面提高中小学生对人工智能的整体认知和应用水平。

三、发挥好学校作为针对中小学生的人工智能普及工作的主阵地作用，切实提升该项工作的深度

苏格拉底曾说过，"教育不是灌输，而是点燃心灵的火焰"。推动人工智能与基础教育深度融合，必将导致教育方式及教育评价方式的改变，教育也会因此形成别样的风景。为此要发挥好学校对中小学生的人工智能普及工作的主阵地作用，一是要在中小学阶段设置人工智能相关课程，逐步推广编程教育。通过中小学实现人工智能课程全普及、学校人工智能教育师资队伍全完备、人工智能实验室全覆盖，完成融合应用研究不断加强，创新人才培养能力和水平显著提升的目标。与此同时，通过培育一批人工智能教育实验学校和人工智能教育示范校，构建"基础普及类、社团拓展类、综合提升类"校园人工智能教育三阶课程体系。二是要精心打造"人工智能"基础教育课程基地。基础教育课程基地是以全面提高学生综合素质和实践能力为目标，以转变课程内容的实施方式为重点，以创新性学习环境为主线，促进学生在活动、实践、体验、探究中，提高学习效能、挖掘潜能的综合性教学平台。教育主管部门要积极引导更多的基础教育学校用心打造"人工智能"课程基地，聘请相关科研院校的专家作为顾问，设置以基于实际应用的信息技术学科内容、基于问题学习的校本必修课程、基于项目学习的校本选修课和基于案例学习的社团课外活动课为载体的系列课程，通过感知体验、案例分析、实践探究、项目设计等方式，引导学生学习人工智能通识知识、实践应用、智能编程和智能机器人开发，从而提高学生学习和探究人工智能技术的积极性，进而提升学生的数字意识、技术创新思维、应用实践能力和智慧社会责任。

打出职教改革"组合拳"
拓宽技能人才"蓄水池"

——关于促进职业教育改革培养技能人才的建议

陈 娟*

摘 要

产业转型、科技创新对高素质技能人才的需求愈加迫切，职业教育亟须主动提升适应、服务和引导经济社会发展的能力和水平。本文结合教育教学实际提出"七个进一步"，阐述了在保障机制、培养方式、发展理念、教学模式、实训体系、评价体系、师资队伍等职教发展方面的改革提升措施。

习近平总书记强调"在全面建设社会主义现代化国家新征程中，职业教育前途广阔、大有可为"。党的二十大报告也指出"要统筹职业教育、高等教育、继续教育协同创新，推进职普融通、产教融合、科教融汇，优化职业教育类型定位"。江苏省也出台了现代职业教育高质量发展的实施意见，致力于培养更多"能工巧匠""大国工匠"。

2023年是深入学习贯彻党的二十大精神的"开局之年"，也是张家港市奋力推动"强富美高"实践的起步之年，无论是产业转型，还是科技创新，都离不开高素质的技能人才支撑。由于职业教育具有面向生产、建设、服务、管理高素质劳动者和高技能专门人才的根本使命，这也决定了职业教育必须主动与

---

* 陈娟，苏州张家港市中等专业学校高级讲师、苏州张家港市政协委员、民盟苏州张家港市沙中支部组织委员。

经济社会发展相适应，主动面向社会、面向市场办学，必须深度融入经济社会发展的大潮之中，提高适应、服务和引导经济社会发展的能力，努力推动地方经济社会高质量发展。综上所述，结合教育教学实际，现提出如下建议。

一、构建"大联动"格局，进一步完善职业教育保障机制

一是政府层面要加强统筹管理的力度。当前，政府、社会、学校、企业没有形成发展共同体，各自为政，大大降低了职业教育在国民经济建设中的重要作用。职业教育科研力量十分薄弱，难以为职业教育改革与发展提供有效的科研保障。企业参与度不高，导致职业教育目标难以具有针对性，制约了职业教育体系的发展。二是要以全面发展为目标，构建新的评价体系。传统评价体系以学生的学习成绩论高低，这不符合职业教育的需求。企业在选人时，不仅要考查学生综合运用知识的能力，更要考查学生心理素质、职业兴趣、个性特征、团队合作、交流沟通等，企业在关注学生操作技能的同时，更注重学生的职业素养、劳动态度等综合能力。构建新的评价体系要本着激发学生学习积极性和促进学生发展的目标。

二、树牢"高素质"导向，进一步创新技能人才培养方式

高素质技术技能人才是推动产业转型升级的基本保障。职业院校应把提升服务地方经济发展能力作为办学的第一目标，把校企合作、工学结合作为人才培养的第一模式，把人才培养质量作为办学的第一效益。工学结合、校企联合既是高职院校人才培养目标的必然要求，也是地方行业、产业与企业发展的客观需要。职业院校应凝炼办学特色，融入产业、行业、企业、职业、实践五大元素，坚持走"校企合作一体化的办学之路，采用"工学交替式""双证互促式""订单式""校企双向介入式""顶岗实习"等各具特色的工学结合人才培养模式，注重学生职业能力和素质的培养，构建以市场需求为核心，以职业能力为本位的多元化人才培养模式。

三、注重"贡献度"提升，进一步更新职业教育发展理念

职业院校要以科学发展观为指导思想，结合地方经济发展趋势，树立学校与市场对接、专业与产业对接、人才与需求对接的办学理念；以提高质量为重点，以改革人才培养模式为突破口，以内涵发展和特色发展为路径，实现职业教育与经济社会互促互利的良性循环发展，提升职业教育服务经济社会的能力。职业院校只有牢固树立为地方经济社会发展服务的观念，紧紧围绕支柱产业发

展,打造服务特色,提升服务质量,才能为地方经济社会发展提供强有力的人才和科技保证。

四、强化"大就业"目标,进一步改革职业教育教学模式

目前,高职院校的专业、课程设置严重滞后,不能适应市场、行业、岗位的发展变化,照抄照搬、简单模仿、形式主义的现象十分严重。高职院校专业设置要考虑到地区产业结构调整和人才市场的需求。课程设置要遵循课程内容与职业工作相匹配、理论课程与实践课程相融合的原则优化课程体系,从而实现课程设置从企业需要出发、从关键职业能力出发、从关键技术和最新工艺出发的目标。高职院校要根据岗位职责和专业技术发展要求,参照相关职业资格标准来确定合格的人才培养目标;要从职业岗位能力和职业资格标准分析入手,确定课程教学内容;要以能力为主线,进行课程重构和教学设计,构建与人才培养目标相适应的专业基础知识、实践能力和文化素质课程体系。

五、突出"实战化"锻炼,进一步丰富强化实训体系建设

职业院校要立足地方的重点行业、支柱产业、现代服务业,围绕产业结构调整和技术更新换代,加强实践教学体系与实践基地建设,切实解决学生实践能力和职业技能的培养问题。学校可以通过与企业合作或者在校内建立技术先进、设备完善、环境逼真、具有企业文化的教学工厂两种方式,为学生提供培训环境和经验学习环境。学校还可以将教学过程中的某个阶段放到企业,由企业人员承担教学任务,让学生"边学边做、理实一体",实现教育和就业岗位"零距离对接",提高职业院校的初次就业率,保持职业教育的生命力和竞争力。

六、设定"全面化"目标,进一步构建完善新的评价体系

传统评价体系是以学生的学习成绩论高低,这不符合职业教育的需求。企业在选人时,不仅要考查学生综合运用知识的能力,更要考查学生的心理素质、职业兴趣、个性特征、团队合作、交流沟通等。企业在关注学生操作技能的同时,更注重学生的职业素养、劳动态度等综合能力。构建新的评价体系要本着激发学生学习积极性和促进学生发展的目标,要考虑企业用人标准,不仅考核学生的学业成绩,还考核其学习态度、学习纪律、安全规范操作、团队合作等。同时,学校要与企业积极沟通,注重校内学习与实际工作的一致性,努力做到校内评价与企业评价相结合。

七、立足"双师型"标准，进一步打造与时俱进的教师队伍

提高职业教育的服务能力，关键是要有一支综合素质高、实践能力强的"双师型"教师队伍。"双师型"师资队伍是提高教学质量的核心基础。一方面，要通过培训、企业实践、调研等多种形式，提高教师的教学水平和实训指导能力，加快培养理论能力与实践能力均优秀的学科专业带头人。职业学校的骨干教师要走进企业深入调研，教师不仅仅要具备教书育人的能力和德行，更不能和社会发展脱节，要成为学生在理论和实践上的指路人。企业和学校共同培养专业带头人，专业建设、专业发展由专业带头人负责，让专业的人做专业的事。另一方面，要结合区域经济和市场需求，制定优惠政策，从企事业单位聘请具有丰富实践经验的技术骨干和能工巧匠来校兼职，提高教师队伍的整体业务能力。

关于推动高等职业教育数字化转型中科技、人才、战略有机融合的建议

马 寅[*]

摘 要

高等职业教育数字化转型是工业4.0背景下的战略选择。面对高职教育在科技、创新、人才协同发展中的痛点和瓶颈,本文从促进职业教育供给侧的需求精准对接、推进教学资源共建共享、保障优质资源供给、新科技驱动下职业教育新形态等方面详细阐述了高职教育范式在数字化转型中的迭代变化;并提出了大数据推动下高等职业教育评价体系变革。旨在为构建高等职业教育可持续发展形成生态闭环,抛砖引玉,吸引更多的同行积极探讨未来高职教育发展之路。

党的二十大报告中明确指出"教育、科技、人才是全面建设社会主义现代化国家的基础性、战略性支撑。必须坚持科技是第一生产力、人才是第一资源、创新是第一动力"。科技创新引领社会产业变革,新技术与传统企业生产模式融合下产生了新兴产业、迭代产业。生产要素发生了巨大的变化,新兴产业对技术人才提出了新的要求,人才的核心素养成为现代教育人才培养的新目标。高等职业教育必须依靠大数据、云计算、区块链、元宇宙等新技术紧密对接先进制造业、先进服务业,建设教育链、产业链、人才链协同发展新机制,提高数字时代技能型高素质人才培养质量。主动作为,推进数字化转型,重构数字时代智慧职业教育新模式,是应对时代之变的战略选择,是推进教育现代化的重

---

[*] 马寅,江苏信息职业技术学院副研究员、民盟盟员。

要举措。

一、我国高等职业教育发展现况

（一）后工业化进程中我国高等职业教育的蓬勃发展

经过近20年的努力，我国高等职业教育的学校数量和学生规模大幅度增长，各类学校从单一职业类别向多元化发展，教育结构不断优化，专业覆盖面不断拓展，更加注重人才培养的实践性和应用性，人才培养质量不断提高，所培养的毕业生更加符合社会发展需求，已经形成了一批具有一定规模和行业影响力的高等职业教育品牌。比如：深圳职业技术学院依托珠三角产业发展，紧贴区域四大支柱产业和新兴产业布局，与华为、ARM、阿里巴巴、比亚迪等一流企业紧密合作共建华为信息与网络学院、ARM智能硬件学院、天健建工学院、比亚迪应用技术学院等15所特色产业学院，制定专业标准、课程标准，开发资格证书；江苏信息职业技术学院电子信息特色鲜明，紧密结合长三角区域经济发展和产业结构调整，牵头组建了"中国职业教育微电子产教联盟"和"中国电子信息行业联合会物联网产教联盟"，该校与中兴通讯、华虹微电子、华润微电子、北京精雕、海克斯康、福建三锋（福耀集团）、保时捷中国、东风雷诺、联想集团、北京新大陆、神州数码、海澜集团等国内外一流企业紧密合作，校企共建苏信·海澜学院等12个具有混合所有制特征的产业学院。

（二）工业4.0背景下高等职业教育数字化转型的必然性

自2013年汉诺威博览会首次提出了工业4.0概念以来，社会经济、产业、服务模式都发生了翻天覆地的变化。同时，因为数字技术、智能技术的发展，许多传统制造业的岗位将被AI技术取代，数字时代新技术带来的巨大变革对教育提出了新要求。智能化制造业需要的是具备实际操作和管理技能，懂得数字化、智能化的复合型人才。

智慧教育是推进现代职业教育的主要手段，高等职业教育数字化转型是工业4.0格局框架下的战略选择。在遵循人才成长规律的基础上，注重有教无类、因材施教、知行合一的中华优秀教育思想传承，通过数字科技全面赋能，为每个学习者提供合适的专业、职业教育，为人类追求教育公平、建设终生学习体系，促进教育、科技、人才融合，构建教育新范式，提高教育治理能力，为社会经济发展提供人才支撑，提升高等职业院校服务社会的能力，是新时代高等职业教育的必然选择。

二、高职教育在科技、创新、人才协同发展中的痛点和瓶颈

（一）毕业即失业现象严重，传统高等职业人才培养与用人需求不匹配

高等职业院校的学科设置、人才培养与用人需求不协调、不匹配使得高等职业教育无法迅速解决现代企业技能型人才缺口。

（二）高等职业教育基础设施建设滞后，精品教学资源质量不高

职业教育基础不完善、职业技能实训基地建设有待加强，制度标准不健全。职业教育领域现有数字资源特别是优质数字资源不足，无法满足职业教育领域不同主体个性化、多样化需求；虚拟仿真资源数量不足、有效性不高，与真实生产环境存在差距，无法完全替代真实环境的实习实训。一些高职院校在教师队伍建设上还存在着数量不足、结构不合理、部分专业教师缺少现代企业实践经验等问题。

（三）高职院校教师普遍数字素养不够

现代教育已经进入了信息化时代，但是国内一些高职院校在信息化教学方面进展不大。职业院校对智慧教育理解不深，在教学形式、教学课程资源开发方面存在明显的短板。从国家职业教育智慧教育平台的统计数据看，职业院校每周至少登录一次的人数为83.92万，只占职业院校师生总数的一小部分。2022年发布的中国职业教育发展指数显示，教师网络研修普及率为66.62%。职业学校教师对新技术下教育理念与资源的应用直接决定教学效果，职业院校教师的信息化、数字化素养亟待提高。

（四）高等职业教育评价体系不完善

目前，高等职业教育的评价体系不够完善，没有一套科学、客观、全面的评价指标体系，过于注重学历、职称等硬性指标，导致评价结果难以反映教学质量的真实情况。一些高等职业教育机构为了迎合评价指标，主动降低了考核标准，导致评价结果失去了实际意义。

三、对高等职业教育数字化转型的建议

（一）以职业人才需求为导向，以提升就业能力为驱动

推进产教融合、校企合作是我国职业教育深化改革的重要战略。人类的教育经过农耕时期、工业化时期、信息化时期（后工业时期）三个阶段，正朝着智能化、智慧化阶段前行。高等职业教育需加快数字化转型，积极探索数字时

代人才培养模式，根据区域产业结构分布调整院校学科专业设置，来应对未来劳动力需求变化。《职业教育专业目录（2021年）》新增专业269个，专业总体调整幅度超过60%，高等职业院校课程设置必须紧跟时代发展，根据数字经济下区域产业布局和自身的办学特色开展产业大数据分析，根据人力资源市场需求及时调整专业设置和建设发展重心。高职院校要以企业、行业人才需求为导向，以提升价值为引领，提高毕业生就业能力。同时，高职院校还应根据就业率、就业专业对口率、就业企业等级等指标评估并调整学科专业结构及招生计划，促进职业教育供给与需求精准对接。

（二）科技赋能教育，增强优质资源供给和共享能力

1. 政府牵头推进教学资源共建、共享机制，保障优质教学资源的供给

改善办学条件，加快数字化转型，重塑高等职业教育模式，是未来职业教育高质量发展的重要途径。2022年3月，国家职业教育智慧教育平台正式上线，截止当年12月底，该平台提供在线课程3.2万门（其中虚拟仿真类课程200余门），上线专业教学资源库1317个，覆盖专业近600个，多个省份建成了省级职业教育智慧平台，并与国家平台实现了对接，丰富了线上教学资源，但优质资源缺口依然很大。政府要大力扶持高等职业教育精品课程建设，用新技术、新理念创新优化教学资源，一方面，要盘活现有资源，进一步筛选、提炼有价值的优质资源，另一方面，要扩大有效供给，加快建设国家、省、校三级资源共享体系。

2. 完善和加强高等职业教育配套基础设施

实习实训是高等职业教育的重要环节，直接关系着高职院校的人才培养质量。高等职业院校要运用大数据、云计算、区块链、元宇宙等新技术，探索、创设教学场景，为实习实训教学创造条件，提高人才培养质量。

3. 提升高职教师数学技术素养及实践技能

教师的数字技术素养是教育数字化转型的关键，其内容包括运用领域，基础技术，知识深化，知识创新四大模块。高职教师能力素养建设还需要强调实践技能，与理论课相比，实践课程对于学生的实际技能培养更为重要，高职院校要注重提升教师技能操作能力。高职教师拥有扎实的专业实践技能，才能真正地指导学生实习实训，培养出企业需要的工匠型人才。

（三）高职教育的"教与学"在不断创新迭代中前行

高等职业教育需要在积极应变、主动求变中积极探索数字化转型发展规律，探索在新科技驱动下的职业教育新形态。"元宇宙"打破教育物理空间，为探索新教学模式提供了无限可能。大数据将深度融入学校管理全过程，通过人工智能、数据分析，学校可以精准了解学生认知结构、感情特征、能力结构。未来的职业教育及学习方式会发生根本性变革。

四、结语

未来高职教育应在新科技的广泛应用下，以学生为中心，注重创新及应用技能培养，优化社会学习、可持续学习环境，以需求为导向，数据为驱动，推动教育治理精准化，努力构建职业人才终身学习服务平台。

高职院校双师型教师队伍建设的途径研究与探索

朱宝生* 王彩霞**

摘 要

本文梳理了国家关于双师型教师的政策文件，从三个方面分析了职业院校双师型教师建设中存在的问题和困惑，针对职业院校"双师型"教师的建设，从三个方面论述了解决办法和建设路径。

2019年10月，《深化新时代职业教育"双师型"教师队伍建设改革实施方案》颁布，从专项政策的角度集中对"双师型"教师进行政策规划，主张深化职业院校教师队伍建设改革，培养造就高素质"双师型"教师队伍。随后在2020年《职业教育提质培优行动计划（2020—2023年）》和2021年《关于推动现代职业教育高质量发展的意见》中，都将提升教师"双师"素质、强化"双师型"教师队伍建设作为职教改革的重要支点。2022年10月，为贯彻党的二十大精神，落实新修订的《中华人民共和国职业教育法》《中共中央国务院关于全面深化新时代教师队伍建设改革的意见》和《关于推动现代职业教育高质量发展的意见》要求，加快推进职业教育"双师型"教师队伍高质量建设，健全教师标准体系，教育部发布了《教育部办公厅关于做好职业教育"双师型"教师认定工作的通知》和《职业教育"双师型"教师基本标准（试行）》，系统规范地推进了职业教育"双师型"教师认定工作，各个省份也在落实推进

---

* 朱宝生，常州工程职业技术学院教授、常州工程职业技术学院支部盟员。
** 王彩霞，常州工程职业技术学院副研究员、中共党员。

了职业教育"双师型"教师地认定工作。同时，随着本科层次职业大学试点工作的展开，对"双师型"教师队伍的建设提出了更高的要求。当前，我国职业教育正处于改革发展的关键时期，打造高素质"双师型"教师队伍是各高职院校发展的关键。

一、高职院校"双师型"教师建设存在的主要问题

（一）"双师型"教师认定标准不明确

自从"双师型"教师这一概念被提出以后，中央及各省市政府相继出台了相关的"双师型"教师队伍建设政策，目的是为了提高高职院校教师队伍建设水平，但这些政策并未对"双师型"教师的概念做定义，同时对于"双师型"教师的认定标准、认定程序也未做要求，没有把"双师型"教师的认定与行业企业的实际岗位技能结合起来。调查发现，大部分高职院校均出台了自己的"双师型"教师的认定标准及程序，就认定对象而言主要是专任教师，而认定标准往往要求申请人具备中级及以上相关职业技能证书或者行业准入的相关证书，认定标准内涵有限。另外，"双师型"教师的认定缺乏激励机制和考核机制，大多数高职院针对"双师型"教师几乎没有激励制度，往往只是授予一个称号，在职称评定、人才项目选拔等方面没有倾斜。同时对于认定的"双师型"教师，没有动态的进出机制和考核机制。

（二）"双师型"教师实践能力不足

目前，高职院校的"双师型"教师队伍的整体实践能力不足，大多数高职院的教师主要来源是高校的应届毕业生，这部分教师虽然获得了相关专业的职业技能证书，但是缺乏企业实践工作经验，知识体系偏理论，缺少实践操作层面的技能。职业学校教师缺乏到企业实践锻炼的主动性，企业也没有给职业院校教师提供实践锻炼机会的积极性。2018年，《中共中央国务院关于全面深化新时代教师队伍建设改革的意见》要求，"着力推动职业院校教师定期到企业实践，以不断提升教师实践教学能力。"2019年，教育部等四部门印发的《深化新时代职业教育"双师型"教师队伍建设改革实施方案》指出，"完善教师定期到企业实践制度，推进职业院校、应用型本科高校专业课教师每年至少累计1个月以多种形式参与企业实践或实训基地实训"，这些都说明了目前高职院校教师的实践能力不足的问题。

(三)"双师型"教师培养实效不强

目前,各高职院校的教师培训基本依托于国培、省培以及校本培训项目,这些培训以理论学习为主,缺乏到企业实践锻炼的机会。由于职业院校对教师的选派参训缺乏长期规划,培训目标不明晰,参训教师普遍反映培训对其工作的指导性和实用性不强,参培教师学习的积极性不高,培训不能有效提高职业院校教师的实践技能水平。

二、高职院校"双师型"教师队伍建设的途径

(一)建立"内驱+外引"的"双师型"教师队伍激励制度

高职院校对"双师型"教师的培养目标,不仅要改变教师的行为方式,还要利用外部环境对教师做引导与支持,因此必须合理融入内驱因素与外引因素,方能有效调动教师的积极性,引领教师专业化发展。

①在进行双师型教师进行认定时,要明确双师型教师与普通教师的待遇差别,在职称评定、奖励性绩效发放等方面向双师型教师倾斜,通过外部、正向的激励促使教师提高自身职业发展的紧迫感。

②在制定双师型教师认定标准的政策时,应规定对于实践技能扎实,指导学生在高水平竞赛取得优异成绩、社会服务能力突出的教师,可以进行破格认定。同时,还应规定对此类能力突出的"双师型"教师授予技能大师、高水平"双师型"教师称号。

(二)建立以师德、工匠精神为中心,以教学能力和实践能力为双线的"双师型"教师培训体系

①师德师风是衡量教师队伍素质的重要指标。师德培养以全面提高教师职业理想和职业精神为核心,通过开展一系列讲座、报告、典型案例、网络公开课等方式,使教师养成主动研究教育、学习先进的教育思想、及时更新自己的教育观念的意识。高职院校要将精益求精、以德为先、技艺精湛、博采众长、合作共赢的工匠精神融入"双师型"教师队伍培养的核心环节,这有助于打造高水平、专业化、创新型"双师型"教师队伍,也有助于高等职业教育师资队伍可持续健康发展。

②教学能力提升。教学能力提升即以"课堂"为主线,依据教师的教学水平提升规律,设计"新教师如何上好一堂课、骨干教师如何上好一门课程、专业带头人如何建好一个专业"三个主题,通过校本培训、网络课程培训、岗位

实践以及名师指导的方式,从点到面、由浅入深,分阶段培养,使新教师从上好一堂课开始,慢慢成长为教学骨干、专业带头人。

③实践能力发展。专业实践能力是高职教师必备技能,包括精准的实验技能、丰富的岗位实践经验等。高职院校应设计"新教师实验技能提升、骨干教师企业顶岗实践经验积累、专业带头人挂职锻炼深度体验"三个主题,采用"请进来、走出去""实训归来话感受"等方式,为教师与企业校企合作、产教融合提供交互平台和空间。

关于提升高校教育数字化创新引领水平的思考和对策建议

钱小龙[*] 宋子昀[**]

摘 要

在教育数字化转型的关键时期，高校亟须提升教育数字化创新引领水平。为此，需要进行理念引领，以巩固高校在教育数字化浪潮中的先行者角色；需要进行技术引领，以夯实高校作为教育科技创新的主战场地位；需要进行实践引领，以加强高校与中小学、政府部门和企业伙伴的协同创新关系；需要进行人才引领，以充分发挥高校的"人才库"和"智囊团"作用；需要进行科研引领，以彰显高校以科研推动教育变革的历史使命。

党的二十大报告明确提出了"推进教育数字化，建设全民终身学习的学习型社会、学习型大国"的要求，高校作为我国教育数字化工作的"先头部队"，开展教育数字化建设对于深化高校教育教学改革、创新高校人才培养模式以及提升高校科研和管理水平都具有非常重要的意义。面对新时代和新形势的需要，高等教育必须要明确高校在教育数字化进程中的重要角色、核心地位、紧要关系、关键作用和历史使命，提高在理念、技术、实践、人才和科研等领域的数字化创新引领水平。

---

[*] 钱小龙，南通大学未来教育研究所所长、教授、博士生导师，民盟南通大学委员会第四支部盟员。
[**] 宋子昀，南通大学教育科学学院硕士。

一、理念引领，倡导"互联网+"创新教育治理理念，重视顶层设计和体制建设，深化数字教育资源公共服务体系改革，巩固高校在教育数字化浪潮中的先行者角色

首先，高校要把握"互联网+"提供的新思路和新机遇，秉持互联网技术与教育深度融合的教育治理新理念，积极推动教育变革。《江苏省"十四五"教育信息化发展专项规划》将推进数字化教育治理作为重点任务，省内高校应努力探索互联网+教育服务模式。只有深入贯彻互联网思维，才能打造高质量的、互联互通的、智慧化的教育环境，完善高校教学管理与服务模式，实现创新性的教育治理。其次，高校要加强顶层设计，着力推进自身体制建设。高校要结合自身优势和数字化发展要求，制定教育数字化发展行动纲领，用政策引领数字技术赋能教育生态系统的创新与变革。最后，高校要积极融入到数字教育资源公共服务体系深化改革之中。江苏省教育厅和爱课程网共同打造的江苏省高校在线课程中心是为省内各高校服务的在线教学平台，省内各高校要积极参与平台的搭建，并努力将优质课程扩散到国内甚至是世界范围。高校应积极推动数字教育资源公共服务平台的搭建与应用，为基于信息技术的教育教学模式改革奠定基础。

二、技术引领，不断扩充数字化基础设施、设备以5G网络、人工智能、区块链、大数据等技术为依托，创建面向未来的智慧学习环境，夯实高校作为教育科技创新的主战场地位

首先，高校要不断丰富和更新技术储备。我国已步入了教育数字化转型阶段，正处在教育数字化全面推动教育现代化的时代，即将进入智能教育的时代。以技术支持作为重要支撑和保障的教育数字化，其融合创新发展的广度和深度，能够影响高校信息技术基础设施设备数量，进而决定教育数字化工作进程。其次，高校要加快智慧校园建设，营造未来性的智慧学习环境。伴随5G通信网络、人工智能、大数据、区块链等现代信息技术越来越多地被应用于学校建设，智慧校园建设工程备受高校重视。智慧校园建设推动了具有内容呈现、环境管理、资源获取、即时交互和情境感知功能的智慧学习环境的构建。最后，高校要不断提高教育科技创新能力。教育是立国之本，科技是强国之基，创新是发展动力。作为国家科技创新体系重要基础和生力军的高校，要正视数字时代下科学技术的深刻影响，把教育、科技与创新三者有机结合起来，以教育数字化

带动教育现代化，进一步提高科技创新能力，为教育现代化发展增加内驱力。

三、实践引领，采用前沿技术开展教学实验，推动信息技术与教育教学的深度融合，以教育数字化促进教育公平和教育现代化，加强高校与中小学、政府和企业的协同创新

首先，高校要大胆使用前沿技术开展教学实验。例如，南京农业大学积极打造5G+新农科智慧教学科研基地，利用5G+AR远程教育系统，展现农业生产等多种场景，提升教学中学生的沉浸式体验。采用前沿技术开展教学实验，一方面要着眼于教学问题，将人工智能、大数据等前沿技术融入教学全过程；另一方面要从学习者需求出发，力求给学习者提供优质的学习体验。其次，高校要着力推动信息技术与教育教学的深度融合。在线开放课程一定程度上实现了教育与技术的双向融合，是促进教育公平、提高教育质量、推动教育现代化的有力抓手。最后，高校要加强与政府、企业及中小学等其他主体间的合作，推动"政产学研用"协同创新。这种协同创新整合了政府、企业、高校、科研机构和目标用户等创新主体，能够充分发挥各方的优势。

四、人才引领，深化人才培养模式改革，构建科学完善的高水平专业人才培养体系，打造德才兼备的教育数字化专业技术队伍，充分发挥高校的"人才库"和"智囊团"作用

首先，高校要进一步改革教育数字化人才培养模式。人才培养是推进高等教育数字化转型的关键领域。高校是培养人才的摇篮，必须紧跟时代步伐，借助人工智能、大数据等技术定制个性化学习方案。其次，高校要创新数字化专业人才培养体系。高校要聚焦更高水平的数字化专业人才培养内容，要立德树人、五育并行、素质为准、综合融合、全面发展。最后，高校要努力构建德才兼备的教育数字化专业队伍。数字化专业队伍是高校数字化建设的有力保障。因此，高校在建设教育数字化专业队伍时，要构建合理的岗位结构和聘任机制、加强技能培训、优化管理机制并精选稳定的企业和服务外包团队。

五、科研引领，接轨国际通行学术规范与技术标准，深化基础研究，强化应用研究，努力建设具有中国特色的教育数字化创新体系，彰显高校以科研推动教育变革的历史使命

首先，高校在与国际接轨的同时，要制定出符合科研发展的相关学术规范与技术标准。教育数字化的发展，学术规范与技术标准的实施，能提升高校科

研的广度和深度。其次，高校要处理好基础研究与应用研究之间的关系。高校在深化基础研究的同时要强化应用研究，要发挥基础研究的基石作用并拓展应用研究的服务功效。最后，高校要积极参与和推进中国特色教育数字化创新体系建设。中国共产党和国家高度重视中国特色教育数字化发展，先后下达了系列文件，进行了整体性、战略性部署，为中国特色教育数字化创新体系建设指明了方向。高校要以习近平新时代中国特色社会主义思想为指导，投身中国特色教育数字化创新体系建设，助力人才培养、创新教育教学模式、改革教育治理，推动教育数字化转型。

以国家文化数字化战略为引领，推动江苏数字文化人才培养

周 锦[*]

摘 要

伴随着互联网基础设施的高速发展，数字化已经成为势不可挡的变革方向。数字经济是江苏转型发展的关键增量，"数字+文化"模式已经成为文化产业发展的新趋势。当前，在江苏省数字文化人才培养过程中仍存在人才培养质量不佳、人才培养成果与产业需求不匹配、师资配置不均衡的问题。为解决上述问题，本文提出优化学科建设、定向培养数字文化专业人才、提升数字文化人才培养水平、注重数字文化教育发展均衡化的建议。

数字技术与文化产业融合发展，催生了"云展览""云旅游""云演艺"等大量新型业态，为经济增长注入了新动能。在文化产业数字化转型过程中，专业化人才是发展的基础，是必不可少的要素，因此需要大力培养一批既懂技术又懂文化的复合型人才，来提升江苏数字文化发展水平并助力"文化强国"建设。

一、江苏数字文化人才培养现状

随着数字经济产业成为全球经济增长与科技进步的新引擎，社会对于人才的需求结构正在悄然改变，在文化与数字双向奔赴的过程中，人才队伍的建设

---

[*] 周锦，南京信息工程大学雷丁学院副院长，南京大学长三角文化产业发展研究院特聘研究员，江苏文化产业研究基地副主任，《文化产业研究》副主编，民盟南京信息工程大学委员会委员、民盟江苏省委员会青年工作委员会副主任。

是融合发展的基础。文化产业数字化转型不止是技术的转型也是人才的转型，需要培养大批既懂文化又懂技术的专业人才。

（一）人才培养政策扶持力度加大

文化和旅游部于2020年发布的《文化和旅游部关于推动数字文化产业高质量发展的意见》中明确指出，要完善数字文化产业人才培养、评价激励、流动配置机制，突出导向管理、思维创新和实务培养。依托国家文化人才培训基地和相关高校加强数字文化产业人才培养，鼓励高校和企业创新合作模式，共建实训基地。江苏省在高校优势学科三期项目中设立了22个文化数字化相关学科，并给予每年6860万元的经费支持。

（二）文化相关人才培养资源日益丰富

为适应文化产业数字化发展趋势，各地区愈加重视专业人才的培养，不断提升人才培养资源的建设水平。我国高校第一个文化产业管理专业设立于2004年，截止2021年年初，全国已有170所高校设立了文化产业管理专业，专业人才供给正在稳步增加。南京作为"六朝古都，天下文枢"，已经走在全国文化数字化转型的前列。南京文投和南京文联共同打造的"文都时空"平台汇集了南京大学、东南大学、南京艺术学院等高校的跨学科专家团队，通过大数据分析的形式对南京文学、历史等文化资源进行线上展示，为文化相关人才培养提供了丰富的学习资源。江苏对于文化相关人才培养工作高度重视，特别是在数字技术与文化产业融合发展的背景之下，对于交叉学科人才培养尤为重视，不断夯实人才基础，为文化产业数字化转型发展提供了有力保障。

二、数字文化人才培养存在问题及原因

人才是数字文化产业高质量发展的关键要素，伴随着数字文化人才培养扶持政策的不断推出，文化产业数字化发展已取得初步成效，但在专业人才培养问题上仍存在诸多问题。

（一）专业人才培养质量有待提升

从设置文化产业管理专业的170所高校来看，仅有4所高校的专业评级达到"A+"级，真正能培养出高质量专业人才的高校并不多。

（二）人才供给与产业需求匹配度有待提升

高校对交叉学科人才培养的重视程度不足。在推进文化产业数字化发展过程中，复合型专业人才的培养尤为重要。但研究数据显示，2020年中国数字化人才缺口近1000万，高校对人才培养结构的调整工作进展较慢，没能完全跟上时代的发展节奏。在"数字+文化"的发展趋势之下，"文化人才普遍不懂技术，技术人才普遍不懂文化"的问题越发凸出，说明高校为社会培养的人才与产业发展实际所需要的人才匹配度有待提升。

（三）各地教育均衡问题凸显

由于一、二线城市基础设施更为完备，具有更多的发展机会，使得人才更倾向于选择这些城市，导致这些城市的师资力量雄厚而欠发达的三、四线城市师资配备不足。由于数字化相关专业，对于教师专业水平要求更为严格，专业师资供应不足会严重阻碍人才培养工作，进而加剧文化数字化发展的不均衡现象。

三、文化数字化人才培养政策建议

（一）优化学科建设，提升数字文化人才培养质量

高校及科研机构在设置课程时要根据数字化发展趋势进行不断的优化。数字化发展趋势下，"数字+"发展模式需要的是复合型人才，这就要求高校的课程设置并不能一成不变。以文化相关人才培养为例，高校在保留文化专业相关核心课程的情况下，要适当删减一些不符合时代发展需求的课程，并增加数字技术相关的理论及实践课程，努力培养既有文化相关专业理论又有现代化数字技术的复合型人才。

（二）立足产业诉求，定向培养数字文化专业人才

当前对数字文化人才的要求已经呈现出高要求、多元化的特点，专业人才的供需不匹配会对产业发展产生阻碍。高校在培养人才时需更新培养理念，顺应数字化时代发展的新需求，鼓励跨学科培养，在设置文化相关专业课程时，增加与数字技术有关的课程，在注重理论培养的同时更要注重结合产业发展趋势，要与数字化产业园区积极交流，结合市场实际需求制订培养目标。

（三）整合多方资源，提升数字文化人才培养水平

人才培养需要政府、高校、科研机构、企业及行业协会等相关机构共同推进，进行多方联合培养。数字文化人才的培养，更要注重其创新实践能力的提升。由政府有关部门统筹调配，"高校+企业"共同打造人才培养平台，整合多方资源，是提升数字文化人才培养水平的必由之路。

(四) 重视农村地区，助力城乡数字文化教育均衡发展

在人才培养方面，农村地区的各方面资源都相对欠缺，这就要求政府有关部门在政策制定时要有所倾斜。首先，要加大投入力度，规范投入机制，保障基层人才权益；其次，要建立行之有效的激励机制，激励人才发挥聪明才智；最后，要积极探索农村数字文化人才培养新机制，重视本土人才培养，改变农村基层数字文化人才匮乏现状。

在基础教育中的科技、人才融合策略浅谈

厉 剑[*]

摘 要

基础教育应以国家战略需求为导向,提高科技人才培养质量,为国家重大战略和经济社会发展提供智力支撑。在基础教育中更好地融入科技内容,提高人才培养质量,可以从以下几方面入手。一是学校增加科技教学的课时量,增加对科技课教学效果的检测。二是切实落实科技教学的师资,提升科技课的教学质量。三是增加中学与地方高校的合作,给学生提供到高校实验室观摩或参与的机会。四是建设科技特色实验班。五是打通基础教育培养科技人才与高校招收科技人才的通道。总之,把科学教育的关口真正前移到基础教育中,才能实现教育、科技、人才的更好融合。

谁掌握了面向二十一世纪的教育,谁就能在二十一世纪的国际竞争中处于战略主动地位。青少年是祖国的未来,科学的希望,担当着科教兴国的历史重任。基础教育如何以国家战略需求为导向,实现高水平科技自立自强,提高人才培养质量,为国家重大战略和经济社会发展提供强大智力支撑,是值得我们深刻思考的问题。

当前,义务教育阶段开设的科技课是我国基础教育中科技素养培养的主要形式,但这种培养形式存在很多不足之外,如科技课的课时量不大,科技教学内容浮于表面,不能真正激发学生的学习兴趣,缺乏专职的科技教师,科技教学的设备陈旧等。在基础教育中更好的融入科技内容,提高人才培养质量,可

---

[*] 厉剑,苏州市吴中区石湖中学教师、中学高级教师,民盟盟员。

以从一下几方面入手。

一、设置课程时增加科技教学的课时量，增加对科技课教学效果的检测

科技这门课的开设对增强少年儿童的科技意识，全面提高科学文化素质，对培养少年儿童建立科学思想树立科学精神具有十分重要的意义。

但是在目前义务教育阶段的课程设置中，科技课的课时量基本是每周1—2节，每学期学校都没有任何对这门课教学效果的考察，科技课的地位远远不如音乐、体育、美术等课程。因此，教师和学生都对这门课缺乏重视。导致在很多学校，科技课被主课大量占用。

所以在义务教育阶段增加科技课的课时量，并定期对该课程的授课效果进行必要的检测，才能更好地使教师、学生重视这门课程，真正发挥这门课程应有的作用。

二、切实落实科技教学的师资，提升科技课的教学质量

现代科技教材包涵的内容十分广泛，贴近学生的生活，趣味性很强。立足教材，教授好每一堂课，是加强科技教育，提高学生创新素质的主渠道。这就需要教师探索行之有效的教学方法，充分激发学生对科技的好奇心，求知欲，调动学生学习的积极性、主动性，使科技课上得生动活泼，情趣盎然。

但是由于科技课不受重视，所以基础教育阶段的学校基本不会安排专门的科技教师。科技教师一般都是由其它学科的教师兼任，这些兼课教师普遍缺乏专业知识和系统培训。这些教师严重地阻碍着教学效率的提高和学生创新素质的发展，使科技教育的教学效果大打折扣。

因此，学校应在教师招聘中增加专职科技课教师，形成专职科技教师队伍，并给他们提供与其他学科教师一样的培训和职称评定机会，唯有如此，才能为提升科技课教学水平的提高打下坚实的基础。

三、增加中学与地方高校的合作，给学生提供到高校实验室观摩或参与实验的机会

在很多地方，义务教育阶段的科技课虽然少但仍然有，而到了高中阶段，科技课就完全消失了。由小学到高中，科技课受重视的成度呈现递减的趋势。高中阶段是学生逐渐清晰自己的兴趣所在，初步形成职业规划的重要时期，在这个阶段，如能更好地提升学生对科技的探索兴趣，会使更多的学优人才愿意把科技工作作为自己未来的职业选择。高中教育在教给学生具体的科学知识的

同时，更要注重对科学的研究方法与探究精神的教授。在条件许可的情况下，高中可以考虑加强与高校之间的联系，如暑寒假期间，组织学生到高校参观甚至亲身体验实验操作，让学生感受科技探索的魅力，提高其投身于科学研究的热情。

四、推广建设科技特色实验班

目前大中型城市的公办学校基本能实现有一间多媒体教室，普通教室配备投影仪、计算机、电子白板、平板电脑等多媒体设备。而随着虚拟现实技术（VR）在基础教育领域的应用，学生可以在虚拟场景中开展沉浸性交互式学习，自主探索各种学习内容。这种技术还可以突破场地、设备、安全的限制，让学生随心所欲地进行体验和操作。

五、打通基础教育培养科技人才与高校招收科技人才的通道

我们的基础教育与大学生、研究生、博士生的教育是不太合拍的。我们的基础教育以应试教育为主，主要目的在掌握知识，大多数学生学习目的单一，主要以被动学习为主。而做科研主要是一个探索、实践的过程，需要学生主动积极地去探索、发现，这两个阶段的对接一直让很多学生痛苦不堪。而且随着人工智能时代的到来，知识储备的重要性正在逐渐下降，思维能力和科学素养则变得越来越重要。在短时间无法扭转应试教育模式的情况下，在基础教育阶段专门设立科技人才培养课程，并打通基础教育中拔尖的科技苗子直通高校的通道，可能会是个行之有效的发现、培养科技人才的方法。

总之，科技需要人才，教育培养人才，改正基础教育与科学教育脱节的现状，把科学教育前移到基础教育阶段，才能真正实现教育、科技、人才的更好融合，使全面建设社会主义现代化国家的基础性、战略性支撑更稳固、更结实。

三等奖论文

"三位一体"战略的江苏实践与思考

华 佳[*]

摘 要

教育、科技、人才是全面建设社会主义现代化国家的基础性、战略性支撑。江苏在办好人民满意的教育，实现科技自立自强，建设人才中心和创新高地等方面取得了很大成绩，但在教育发展、科技创新和人才战略方面仍面临一些挑战。江苏要实现经济社会的高质量发展，必须以高质量教育涵养源头活水，以高水平科技创新激发动能活力，以高素质人才增添发展优势，落实科教兴省、人才强省和创新驱动发展战略，推进教育、科技、人才"三位一体"战略的江苏实践。

党的二十大报告指出，教育、科技、人才是全面建设社会主义现代化国家的基础性、战略性支撑。"三位一体"重要论断首次将教育、科技和人才统筹安排、统一部署、一体化推进。三大战略相互支撑，相互促进，这既是对历史经验的科学总结，也是对未来发展的深远谋划，为新时代教育科技人才事业的发展指明了方向。

近年来，江苏始终把教育、科技、人才工作摆在高质量发展的核心位置，围绕办好人民满意的教育，实现高水平科技自立自强，建设人才中心和创新高地，开展了积极的探索并取得了良好的成效。2023年江苏省政府工作报告明确指出，要"进一步加强教育、科技、人才在现代化建设中的基础性、战略性支撑作用，开辟发展新领域新赛道，不断塑造发展新动能新优势"。如何以系统思

---

[*] 华佳，无锡城市职业技术学院教授、民盟盟员。

维做好新时代教育工作、科技工作和人才工作，为我省高质量发展积蓄动力、激发潜能，是摆在全省人民面前的一个重要课题。

一、"三位一体"框架下的江苏成绩

（一）教育发展

目前，江苏教育的发展规模、办学水平和综合实力位居全国前列。全省现有各级各类学校1.5万余所、在校生1500多万人，普惠性幼儿园覆盖率超过90%，90%以上义务教育学校达到省定办学标准，90%以上的学生在三星级以上优质高中就读。

党的十八大以来，江苏高教发展水平不断提升。高等教育毛入学率由47%增长至65%，高出全国平均水平7.2个百分点。普通高校由153所增至168所，数量位居全国第一。20所高职院校入选国家"双高计划"，16所高校成为国家"双一流"建设高校，48个学科成为国家"双一流"建设学科。江苏高校十年累计向社会输送高校毕业生556.9万人，七成以上毕业生留在江苏就业创业，高于我省同期毕业生源总数。

（二）科技创新

十年来，江苏加强了对基础研究、技术创新、成果转化和产业化的扶持力度，累计支持了35位顶尖科学家领衔的前沿基础重大研究项目，实施了1197个重大科技成果转化项目和1000多个产业前瞻或关键核心技术研发项目，突破了一批关键技术瓶颈。同期，江苏还培育了16个先进制造业集群和50条重点产业链，先进制造业集群规模占规上工业比重接近70%。江苏充分发挥高新区创新主阵地作用，布局建设省级以上高新区54家，国家级高新区18家，数量居全国第一。不论是创新投入、创新产出还是创新贡献，江苏创新能力已连续多年居全国前列。

（三）人才培养

江苏高水平科技人才队伍建设取得显著成效，呈现两院院士集中、各领域领军型人才集聚、产学研人才合作集群的特点。江苏省先后出台了"科技创新40条""科技改革30条"等一系列政策，在为科技创新减负的同时赋予了创新主体和科技人员更大的科研自主权；发挥自然科学基金导向作用，入选国家杰青378人，数量居全国第一；推行外国人工作许可、居留许可"一窗式"办理，累计发放外国人工作许可超过10万件；选派10批945个科技镇长团，选聘9

批 6440 名专家教授担任企业"科技副总"。

十年来，全省新建高技能人才培训基地 43 个、技能大师工作室 45 个、高技能人才专项公共实训基地 190 个，累计培训各类劳动者超 1600 万人次。高技能人才总量由 203 万人增长至 470 万人，有 14 人荣获"中华技能大奖"，82 名技能人才享受国务院政府特殊津贴，357 人获得"全国技术能手"称号。

二、"三位一体"发展的江苏短板

近年来江苏在推进教育、科技和人才事业发展方面取得了很大进步，但科教创新效能不足、体系不健全的矛盾仍比较突出，教育对科技、人才的牵引作用还不够。从分布上看，科技创新主力和优质高等教育资源都集中在苏南地区，发展不平衡现象明显，对省内高水平行业特色型大学的支持力度不足。

（一）教育发展尚存不足

①基础教育问题。基础教育资源紧张，是江苏教育改革发展中遇到的一个突出问题。此外，"双减"执行力度、中考分流比例、高考制度改革、教育成本升高等热点问题也亟待解决。

②高等教育发展缺憾。不少高校的人才培养工作还是以学科为中心，与工程实践脱节，存在实践平台数量不足，功能不全和教学内容、手段跟不上产业技术迭代速度问题，离"新工科"的建设要求还有很大差距。高校师资构成存在结构性矛盾，教师缺乏企业研发经历或工程经验，研究方向与产业需求严重脱节。学生知识体系单一、缺乏实践能力，无法满足用人单位的需求。

③协调育人困境。限于学制，校企联合培养一般安排的时间较短，造成企业投入远大于"产出"，使其缺乏参与动力。其次，校企联合培养的优秀人才留在本企业的较少，多流向高校或科研院所，这导致企业的技术秘密有泄露的风险。这些因素降低了企业参与联合育人的积极性。

（二）科技创新有待加强

①科创投入力度尚需提升。近年来江苏省为提升科技创新水平持续加大投入，研发强度不断上升，但与国际上的科技创新强国和地区相比，研发投入仍有较大差距。

②科技成果质量有待提高。近年来江苏省涌现出大量科技成果，但和发达国家和地区相比，科技成果的质量、转化率和转化质量都不高。高校和科研机构的晋升评价体系过于注重论文和课题项目，往往会忽视科技成果转化及其所

创造的社会效益和经济效益。

③科技成果转化人才缺乏。省内高校、科研院所等技术研发单位，对技术经理人等技术成果转化专业人才需求很大，但既懂技术又具有成果转化能力的复合型人才数量较少。

（三）人才战略急需优化

①人才培养与经济发展结合不紧。江苏尚未解决人才供给中的结构性矛盾。人才工作各管一段的问题依然存在，行政推动、社会力量与人才发展没有达到深度融合。

②人才结构与产业结构协调不畅。江苏尚未实现人才链与产业链的同频共振及精准对接，缺少大师级人才的引领，汇聚世界一流大科学家、大企业家的能力欠缺。

③关键领域和新兴产业人才不足。近年来江苏省科技人才数量不断增长，但高层次人才占比仍然较低，在一些重大关键技术和战略性新兴产业领域的高端人才严重不足，加之60%以上的高端科技人才分布在各高校和科研院所，导致产业创新发展的需求难以满足。

三、"三位一体"战略下的江苏路径

（一）坚持科教兴省，做好教育工作

①坚持"人民至上"。江苏应贯彻"人民至上"的教育观，全面推动优质教育资源的均衡化，坚持立德树人，为国育才。

②开启"全面"视角。江苏应推进学前教育普惠健康发展、义务教育城乡一体化发展、普通高中特色多样发展、职业教育提质培优和高等教育内涵式发展。

③建设学习型社会。江苏应加快教育的数字化转型和升级，并兼顾规模化教育与个性化培养之间的平衡，在关键急需领域实施精准靶向人才培养工程，提升教育供给与产业需求的匹配度。

④营造良好氛围。江苏要营造尊重知识、尊重科学、尊重人才的良好氛围，加快建设高素质专业化教师队伍，推进教育治理体系和治理能力现代化，提高教育工作者的幸福感和成就感。

（二）推进创新驱动，抓好科技工作

①提升能力。江苏应努力提升科技原创成果的供给能力、重大命题的破解能力、科技资源的配置能力、科学技术的渗透能力和创新生态的包容能力。

②健全体制。江苏应努力健全区域协同发展，产业联合研发的机制，提高资源的使用效率。

③探索模式。江苏应探索"企业出卷、科研机构答题"的科技发展新模式，构建龙头企业牵头、高校院所支撑、各创新主体相互协同的创新联合体。

④实现转变。江苏应利用科技促成先进制造业、现代服务业、高效农业的交融演化，实现"制造"向"智造""质造""创造"的转变。

(三) 依托人才强省，落实人才工作

①尊重人才。在尊重知识、尊重劳动、尊重创造，尊重人才成长规律和科研活动规律的前提下，江苏应培育具有国际水平的战略科技人才、科技领军人才和创新团队。

②搭建平台。江苏应为各类人才搭建干事创业的平台，鼓励人才去干事业、支持人才干成事业。

③留住人才。江苏应坚持事业留人、感情留人、环境留人，加大高端人才引进力度，让更多英才汇聚江苏、建功江苏。

④深化改革。江苏应深化"放管服"改革，构建"能者上、平者让、庸者下"的用人机制，实施以产出、能力、贡献为导向的绩效评价体系。

(四) 推进"三位一体"，实现联动互促

①创新模式。江苏应打破传统的线性产学研合作模式，构建以企业、高校、院所为核心，政府、中介、金融为辅助的多核网状的协同创新模式，构筑大纵深、立体式的"教育—科技—人才"创新共同体。

②出台政策。江苏应出台推进教育科技人才一体化的政策，分别在苏南、苏中、苏北开展试点，并在南京建设人才港。

③振兴苏北。江苏应出台新时代苏北高等教育振兴、区域创新崛起计划，提升苏北高教与创新发展水平，填平苏北教育科技人才洼地。

四、结语

科技是第一生产力、人才是第一资源、创新是第一动力，"三位一体"战略为推进现代化强国建设指明了方向与路径。江苏要实现经济社会的高质量发展，必须全面贯彻落实党的二十大精神，以高质量教育涵养源头活水，以高水平科技创新激发动能活力，以高素质人才增创发展优势，落实科教兴省、人才强省、创新驱动发展战略，推进中国式现代化的江苏新实践。

科教兴体　育才强国：
科技助力高校体育教学改革的建议

林　毅[*]

摘　要

在教育现代化背景下，传统高校体育教学在"五育并举"育人格局中的短板现象不容忽视。主要存在三大问题：高校体育与教育现代化相脱节；体育教学与育人全面化相违背；体育师资与人才卓越化相矛盾。对此，本文建议加强数字赋能，运用科技手段推进高校体育教学全方位改革：一是科学化评价体育育人成效；二是精准化改造体育教学模式；三是智慧化升级体育人才队伍。

习近平总书记曾多次在讲话中强调："体育强则中国强，国运兴则体育兴。"2023年2月13日，中国教育部部长怀进鹏在世界数字教育大会上的主旨演讲《数字变革与教育未来》中提到："强化数据赋能，提升教书育人效力。"人类已迈入人工智能时代，以ChatGPT为代表的人工智能在各领域引发的变革举世瞩目。近年来，江苏省高度重视推进高等教育数字化转型。江苏省教育厅2023年发布了《关于大力推进高校教学数字化工作的意见》及《江苏高校数字化教学基本规范》。然而，数字赋能在高校体育领域的应用相对滞后，尚未发挥其应有效能。当前高校体育面临的诸多问题，亟须科技提供新思路、注入新动能，撬动体育教学和人才培养深层次变革。

---

[*] 林毅南京大学硕士，南京中医药大学体育部秘书，民盟江苏省委会多党合作理论研究会理事兼秘书，江苏省体育科学学会学校体育专委会、体育人文专委会会员。

一、高校体育与教育现代化相脱节

(一) 政策层面,缺乏体育教育数字化的标准体系

2018年教育部发布的《教育信息化2.0行动计划》、2019年中共中央、国务院发布的《中国教育现代化2035》等文件极大的推动信息技术与教育的融合。2021年国家体育总局发布的《"十四五"体育发展规划》将"数字体育建设工程"列为专项工程。然而高校体育数字化建设方面的政策却出现了"断层",教育部2002年发布的《全国普通高等学校体育课程教学指导纲要》距今已有20多年。体育相较于普通文化课在课堂教学中具有更多的特殊性,更需要专门的数字化标准体系作为指导。美国自1996年后,连续5年发布《国家教育技术计划》,框定教育信息化建设路线。在体育教学上,美国于1995年制定《国家体育标准》,于2007年制定《在线体育课程初始指南》,自2008年第一版《美国人身体活动指南》发布起,该指南每十年定期更新,为身体活动提供基于科学的指导,并对身体活动指标进行量化,使体育教学数字化有据可循。

(二) 实践层面,高校体育整体数字化水平落后

智慧校园是课程数字化的基础。目前,我国多数高校仍面临资金短缺、场地紧缺、设备落后、数字化建设碎片化的困境。实践证明,数字化体育教学对于激发学生参与体育运动的兴趣、优化教学效果、实现体育课内外一体化和教学资源的有效配置都具有重要意义。因此,高校应直面教育现代化,乘势而上,补齐体育教育的短板。

二、体育教学与育人全面化相违背

(一) 体育考核评价体系不科学

2021年,第八次全国学生体质与健康调研数据显示,2020年,我国约有三成大学生体质不合格。这一局面的形成与现行高校体育课程评价标准不合理、课堂教学质量不高有密切关系。现行的高校体育考评体系无法考察学生身体素质的变化、对体育的兴趣、运动习惯的养成、人格品质的锻炼情况,不利于体育育人功能的发挥。

(二) 传统体育教学模式惯性大

首先,高校体育很少将智能技术应用于课堂的实践。其次,国内高校体育线上教学尚不成熟。某学者对陕西省12所代表性高校600名师生进行的问卷调查显示,学生对于线上体育教学满意度普遍不高,75%的学生对线上体育教学

的学习效果不满意。最后,高校体育教材的数字资源匮乏。目前,虚拟现实体育教材开发在国内尚属空白。

三、体育师资与人才卓越化相矛盾

(一) 体育师资现代化水平偏低

加拿大著名教育家迈克尔·富兰指出,"教师是教育改革与社会进步的动力,教师是教育改革的前提条件"。目前,我国高校体育教师普遍学历相对较低,其信息技术素养不足以承担数字化教学任务。一项对40多所高校的网络调查数据显示,55.6%的体育教师未利用数字化手段进行教学,仅有29.6%的教师能够熟练操作计算机和录摄像等数字化设备。

(二) 高校体育人才培养相对滞后

2018年教育部发布的《教育部关于实施卓越教师培养计划2.0的意见》针对中小学教师现代化提出了:"深化信息技术助推教育教学改革。推动人工智能、智慧学习环境等新技术与教师教育课程全方位融合,充分利用虚拟现实、增强现实和混合现实等,建设开发一批交互性、情境化的教师教育课程资源。"的具体要求,而对于高校体育教师国家政策尚未有相关要求。同时,我国智慧体育学术创新明显不足,且鲜有针对体育科技人才培养的相关研究,如何建立有利于体育科技人才的培养机制、如何完备体育人才队伍梯次结构等紧迫议题亟待破解。为此,本文提出如下建议。

1. 目标与考核新蓝图:科学化评价体育育人成效

一是树立科学的体育育人目标。高校体育要把科学锻炼,培养体育兴趣、习惯和锻炼品格意志做为育人目标。二是设计科学的体育评价体系。教育主管部门要认真抓好《深化新时代教育评价改革总体方案》落地,引导鼓励各级主体创新体育评价工具,利用人工智能、大数据等现代信息技术对高校体育实施动态、多元的数据监控和考核评价。三是构建科学的体育教学流程。高校应基于智慧校园进行体育课程一体化设置,实现从课程目标、学情分析、教学效果到教学反思的全流程技术嵌入,及"测量—分析—干预"的闭环管理。

2. 教法与教材新变革:精准化改造体育教学模式

在课堂教学方面,政府和学校应增加投入,通过人工智能技术打造智慧体育课堂。在线上教学方面,教育主管部门可参考美国《在线体育课程初始指南》,对教师与学生参与在线课程的前提、课程内容、班级规模、授课时间、硬件设备和技术系统、社区支持、课程方案评估等内容进行明确规范。在教材建设方面，教育主管部门直接开发电子化教材或在纸质版教材中嵌入数字化链接，以满足学生多元化需求。

3. 师资与科研新活力：智慧化升级体育人才队伍

一要实施高校体育师资信息技术应用能力提升专项培训。二要实施体育高端智库建设工程，建立校内、校际、区域合作联盟，组织体育教学团队到企业、样板高校考察交流。三要强化高校体育教师自主学习能力，促进科研创新反哺教学。四要健全高质量体育人才培养体系。高校尤其是体育院校应充分发挥综合优势，打造以实验室或科研中心为主的科技创新引领力量，在青年体育科技人才培养过程中促进体育与现代信息技术的深度融合。

四、结语

教育部高等教育司司长吴岩指出，"中国式现代化必须率先实现中国式教育现代化"。作为"五育并举"的重要环节，高校体育教学改革势在必行。数字赋能，科技助力，必将开启教育强国、体育强国新局面。

"四联四融"深化职业院校产教融合赋能地方"智能+技能"人才培养

石陈云[*]

摘 要

本文调研了江阴市职业院校产教融合的情况,从政府保障力度、行业指导能力、企业参与热情、职业院校内涵建设、职业学校升学政策这五个方面剖析了职业院校深化产教融合存在的问题及原因,由此提出深化职业院校产教融合的"四联四融"路径,即围绕"产"与"教"两个支点,"政府、学校、企业、行业"四方联动发展,构筑协同育人共同体,通过基地共建、目标共设、资源共享、人才共育,实现"文化、制度、资源和利益"四个方面的融合。

产教融合、校企合作是现代职业教育发展的重要指导思想和现实路径,也是经济发展方式变化和区域产业转型的必然选择。2017年国务院办公厅印发了《关于深化产教融合的若干意见》,将产教融合提升为国家教育改革和人才培养的顶层设计。随着制造业数字转型进程的加速推进、工业4.0时代的到来、"中国制造2025"战略的实施,地方职业院校迫切需要变革人才培养模式,立足区域经济结构和产业结构优化升级的现实需求,深入推进产教融合,培养"智能+技能"型人才,服务地方经济发展。

为此,笔者以江阴市职业院校产教融合的调研情况为基础,对职业院校深化产教融合存在的问题及原因进行剖析,提出深化职业院校产教融合的"四联四融"路径。

---

[*] 石陈云,江阴市政协委员,民盟江阴市委秘书长、高新区支部主委。

一、基本情况

江阴市目前共有江阴职业技术学院、江阴中专、华姿中专、澄西技校四所职业院校。近年来，江阴将校企合作融入职业院校教育教学及专业建设的全过程，制定产教融合相关工作规划及年度工作计划，每个院校均与多家企业达成了校企合作协议，在人才培养、专业建设、师资培训、实习就业、科技服务等方面开展了许多卓有成效的工作。

（一）契合产业转型升级，完善政策保障支持

江阴市把"推动产教融合、工学一体、校企合作"明确写入"十四五"发展规划，并在教育事业等专项发展规划中进行了重点部署。

（二）深入推进产教融合，完善校企互动格局

现代学徒制培养模式目前已覆盖全市中职院校80%以上骨干专业。其中江阴中专基于深度校企合作的"四岗递进"现代学徒制育人模式受到企业广泛好评。

（三）坚持协同发展理念，完善人才培养模式

各职业院校围绕江阴市"科创江阴"建设的总体部署，加强与南理工江阴校区合作，积极推动产教融合，与海澜智云、江南水务、双良节能等知名企业联合共建校企协同育人基地。

二、存在问题

（一）政府保障力度有待增强

国家出台了一系列支持职业教育改革发展的政策、措施，但地方在贯彻落实的时候，没有建立贯穿始终的传导机制、缺乏具体有效的配套措施，对职业教育的管理不够专业和规范。深化产教深度融合并非只是教育主管部门的事情，需要多个政府部门协调管理。

（二）行业指导能力有待提升

《国家中长期教育改革和发展规划纲要》提出"建立健全政府主导、行业指导、企业参与的办学机制"，明确了行业在职业教育发展和构建现代职业教育体系中的重要作用。但是在当前的职业教育模式下，行业对于职业教育政策的制定以及职业学校教育体系的建设影响力甚微，无法深度参与职业教育的目标制定、内容选择及结果考核。

（三）企业深度参与热情有待提升

产教融合的实施必定会耗费巨大的人力、物力和财力。企业要参与产教融合、校企合作投入大、见效慢，并且会对企业正常的生产活动造成干扰，甚至有给企业造成意外损失的风险。因此，绝大多数参与校企业合作企业的关注点在用人招工等短期需求上，并未深度融入人才培养目标、专业设置标准、课程开发、实践教学体系、实训基地建设、人才培养与评价等产教融合的关键环节。

（四）职业院校内涵建设有待深化

学校的专业设置、培养方案、课程改革、教学组织等工作在紧密对接企业、服务地方经济发展上还有很大的提升空间。教师的实践创新能力还需要不断提升，课程体系与教学组织还需要根据岗位需求主动调整。针对技能大师等特殊人才的引进尚不通畅，教师队伍后备人才不足，高层次、有企业工作经历的人才总量偏少。

（五）升学政策对产教融合的影响有待突破

当职业学校的教育导向是帮助学生异地升学而不是培养本地经济发展所需的技术技能人才时，政府通常会减少对本地职业教育的资源供给。当企业与学校合作培养的学生，在毕业时大量选择继续升学而不是进入企业就业时，企业参与职业学校人才培养的积极性也会随之下降。

三、对策建议

基于以上问题，本文提出深化职业院校产教融合的"四联四融"路径，即围绕"产"与"教"两个支点，"政府、学校、企业、行业"四方联动发展，构筑协同育人共同体，通过基地共建、目标共设、资源共享、人才共育，实现"文化、制度、资源和利益"四个方面的融合。具体如下：

（一）同频共振，构建"立体化"产教融合生态体系

建议破除以往校企合作、产教融合中的瓶颈，打通产教融合"最后一公里"，由政府牵头打造一个立体化、全方位、可持续发展的产教融合基地，实质性地推动校企合作、产教融合向纵深发展，实现产教融合由松散结合向实体嵌入的转变，实现资源优势互补与区域经济可持续健康发展。

（二）互惠共赢，完善"政校行企"协同育人机制

政府、学校、行业、企业在人才培养中都拥有各自无法取代的优势，唯有协同合作、互相补充、深度融合，充分发挥各方作用，形成长效机制，才能使职业人才培养工作进入良性循环。首先，构建协同育人长效机制，政府要牵头成立四方联合协作共同体，明确四方权利与责任。其次，政府要落实产教融合补偿机制。《江苏省职业教育校企合作促进条例》中明确提出"设立校企合作专项资金，促进校企合作的财政、金融、税收和用地优惠政策，教师企业实践、兼职兼薪、科技成果转化和学校校企合作所得收入分配"等相关支持政策。地方政府应积极响应贯彻落实，为产教融合营造良好的社会环境和舆论氛围。最后，校企之间要完善信息互通机制，以企业及地方产业转型升级需求为依据，职业院校要及时调整专业设置，制订人才培养方案，构建课程体系，提高课程与岗位的匹配程度。

（三）由点及面，逐步推进校企合作

产教融合的根本落脚点在校企合作。结合当前职业教育发展形势，建议校企合作围绕以下"八个共"展开：一是共营产教融合基地，校企双方进行"嵌入式"合作；二是共同制订人才培养方案，构建校企融合的课程体系；三是共同实施课程教学，建设现代化课程资源；四是共同编写活页式、工作手册式培训教材。五是共同建设实训基地，协同完成实践教学环节；六是共同培养师资，校企人员互兼互聘；七是共同开展创新创业教育；八是共同开展教育教学研究，搭建产学研合作平台。

（四）多措并举，探索兼顾升学需求和深化产教融合的职业教育发展道路

一是加大对本地中职校的建设投入，改善办学条件、美化校园环境，鼓励学校逐步增加就业导向的五年制高职招生数量，为地方经济产业发展增加高素质技能人才供给。二是加大对本地高职校的建设投入，通过区域职教联盟，确保学生就读高职后最大可能留在本地工作。三是扩大"千凤还巢"人员类型，除了大力引进领军人才，也要不断集聚具有大赛佳绩或创新成果的能工巧匠、高技能的青年才俊、优秀大学生扎根地方，服务地方。

四、结语

总之，产教融合是一个复杂的系统工程，既要有国家的政策支撑和保障，又要有地方政府和部门的落地实施，既要有职业院校的主动作为，又要有企业的积极协作、行业的有效指导。四方联动、融合发展，方可持续深入推进。

高职院校立足人才引进，促进高质量发展的思考

陈胜利* 朱葛俊** 蒋慧敏***

摘 要

在"双高计划"下，人才引进是当前高职院校高质量发展的关键举措，针对当前高层次人才引进工作中存在的人、岗匹配问题、重引进轻管理问题，应通科学引才、"引育并举"的举措，推动高职院校可持续高质量发展。

2019年4月，教育部、财政部联合印发《关于实施中国特色高水平高职学校和专业建设计划的意见》（简称"双高计划"）。根据"双高计划"要求，立足人才引进打造高水平"双师"队伍是高职教育持续深化改革的重要任务，是衡量高职院校发展潜力和业界竞争力的重要指标，也是高职院校高质量持续发展的关键。本文对高职院校结合自身办学特色制定适合自身的高层次人才引进策略工作进行思考，希望在高职院校立足人才引进促进高质量发展方面提供一些思路。

一、高职院校人才引进工作现状与分析

"双高计划"的实施，极大地推动了各高职院校对高层次人才的引进力度，大多数高职院校为了跨入国内职业教育的第一梯队，都制定了高层次人才引进优惠政策，希望通过高层次人才引进优化师资队伍结构，提升科研水平，促进

---

* 陈胜利，常州机电职业技术学院教授、民盟常州机电职业技术学院支部盟员。
** 朱葛俊，常州机电职业技术学院教授、民盟常州机电职业技术学院支部主委。
*** 蒋慧敏，常州机电职业技术学院讲师、民盟常州机电职业技术学院支部宣传委员。

学科、专业建设，从而提高办学质量和学校评级。本文通过调研某高职院校高层次人才引进工作，结合切身的体会和工作实践，发现在实际引进高层次人才的过程中主要存在以下两个方面的问题。

（一）引进的高层次人才与学校发展定位不匹配

当前，高职院校大量引进高层次人才已渐成趋势。但高职院校的人才引进工作也曝露出了重短期成效、轻系统规划的问题。一方面，引进的人才未必契合学校和专业发展需要，导致学校经费投入的巨大浪费；另一方面，学校在人才引进过程中，过多关注学历背景和学术成果等硬性指标，忽视了对道德素养、发展潜力、团队协作能力等软性指标的考量，这对学校的长远发展不利。

（二）对引进的高层次人才重前期引进、轻后期管理

相对于本科院校而言，高职院校由于自身的综合条件不足以吸引到高层次人才。所以，"重引进"表现为高职院校千方百计的提高人才福利待遇，以期达到将人才"领进门"的目的。"轻管理"则主要表现为高职院校并没有足够重视人才引进后的管理、服务和培养，没有完善高层次人才的发展环境。

二、高职院校人才引进工作的思考与讨论

（一）高职院校要做好人力资源规划，精准引才

首先，高职院校应建立学校人力资源信息库管理系统，提高人力资源规划的科学性和效率，打破学校内部各部门、各学院之间的信息壁垒，利用大数据技术对数据信息进行系统分析，对现有教师进行分析和评价，对未来的人才需求进行预测和判断，进而为学校的长远发展提供科学、全面、准确的人力资源数据信息。其次，高职院校应建立以学科为"靶向"的精准引才模式，依据学校学科总体布局，以学科建设为牵引，结合教师队伍情况和学科岗位情况，聚焦"双师型"复合型人才，整体谋划、按需设岗、精准引进。

（二）高职院校要"引育并举"，优化人才成长环境

高职院校往往在吸引人才方面花费了很多心思，如给人才提供安家费及住房补贴等，而在如何培育人才方面缺少计划。因此，高职院校必须大力优化人才成长环境。

高职院校可以通过出台高层次人才管理办法、进修培养计划等，使人才能积极投身工作，在科研创新、社会服务等多方面创造更多成果和价值，实现个人和学校的双赢。

学校应积极争取外部资源，为人才的职业发展和学术进步搭建多样化的平台，应依托学校的"校企合作""产教融合"项目平台，突破地域界限，积极参加国内外组织的各项科研实践合作与交流，协助高层次人才参与企业实践、项目管理、科研创新。

三、结语

　　高职院校要充分认识人才工作的重要性，处理好高层次人才的引进和留用问题，要借助国家职业教育改革的时代契机，参照"双高计划"的要求结合自身办学特色和实际发展需要，制定自身的高层次人才引进策略，努力为高层次人才营造良好的发展环境和人文氛围。

完善高层次、高技能青年人才引进政策

华逸琦[*]

摘 要

人才引进是知识经济时代推动地区经济快速发展的重要手段,社会竞争的本质便是对人才的竞争。当前,全国各地都对高层次、高技能青年人才的引进工作十分关注。在完善高层次、高技能青年人才引进政策的过程中,应当立足当下,放眼未来。本文将尝试完善高层次、高技能青年人才引进策略。

随着知识经济时代的到来,人才在推动经济发展过程中将启到至关重要的作用,毫不夸张的说,谁拥有人才,谁就掌控了现代经济的命脉。

一、引进高层次、高技能青年人才的重要性

第一,有助于保证人才培养和供给。完善高层次、高技能青年人才引进政策能够为构建人才培养体系注入一股强大的推动力,有利于保证人才培养和供给。

第二,有助于推动市场经济持续发展。缺乏人才的市场无法充分发挥活力。高端制造业是一个国家经济发展的根本,而高层次、高技能青年人才是科技创新、抢占制造业高地的根本。

二、高层次、高技能青年人才引进的现状

首先,政策的系统性有待完善。在当前的人才引进政策中,财政补贴类政策较多,而人才流动类的政策较少,无法形成完善的配套措施,影响高层次高技能人才引进效果。对高层次、高技能人才的认定没有完善的评价标准,仍然以传统

---

[*] 华逸琦,无锡市天一实验小学年级副主任。

方式和传统理念对人才进行评定,导致人才申报工作无法有序开展。其次,人才引进渠道单一且流程复杂。部分企业没有形成十分强烈的人才引进意识,引进人才渠道单一,导致企业针对国际人才的引进比例较低。人才服务平台信息化程度仍然有待深化,公安、民政、人社、教育等政府部门的数据没有实现共享,各个地方所需的证明材料存在较大差异,导致部分人才的申报工作耗时过多。

三、完善高层次、高技能青年人才引进政策的策略

(一)搭建引才聚才平台

首先,引才平台能够提供一个集中展示人才资源和市场需求的场所,让人才能够了解用人单位,也让用人单位更容易找到适合自己的人才;其次,引才平台可以提高人才与用人单位的匹配效率,大大提高人才的利用率;最后,当人才能够高效流动,信息能够充分共享时,创新的效能会大幅提升,社会的整体竞争力会大大提高。

(二)完善引才工作机制

一是制定灵活优惠的人才引进政策,包括人才引进的补贴、福利待遇、住房保障等,以吸引更多高素质人才。二是积极开展国际合作交流,吸引国外高层次人才,同时建立人才引进数据库,通过各类渠道广泛征集和推介人才。三是建立人才评估机制,确保引进的人才能胜任工作。四是为引进的人才提供全面的服务,提高人才的归属感和满意度。五是定期对人才进行跟踪评估,了解其工作情况和成效,提供个性化的支持与帮助。六是加强部门间的配合与协作,共同制定人才引进计划,确保措施的有效执行。

(三)优化引才发展环境

一是国家应出台更多支持高层次人才发展的政策措施(如加大科研资金支持,优化人才评价机制,完善人才激励机制等),为高层次人才提供政策支持。二是加强科研机构建设,提升科研条件,为高层次人才提供先进的科研设备和良好的科研氛围。三是鼓励创新、宽容失败,为高层次人才提供敢于尝试、敢于突破的创新环境。同时,加强与国际先进机构的交流与合作,提升本地高层次人才的国际竞争力。

(四)完善引才服务保障

一是建立全方位的人才服务体制,对高层次人才,提供个性化的服务,确保精准的满足他们的需求。二是建立专业的人才服务团队,提高服务人员的专业素质和业务能力。三是优化服务流程，提高服务效率。通过线上平台，让人才获得更便捷的服务。四是加强人才服务政策的宣传力度，让更多的人才了解并享受这些政策。五是建立建全人才服务反馈机制，不断优化服务内容和方式，提高服务质量。总之，完善人才服务保障需要政府、企业和社会的共同努力和配合。

（五）健全引才评价机制

一是要建立多元评价标准。人才评价不应仅仅基于学历、职称等传统指标，而应更加注重实际能力、业绩贡献和创新精神等方面。二是要引入市场化和社会化评价机制，增加评价的客观性和公正性。三是要把人评价结果作为人才选拔、激励的重要依据。对评价结果优秀的人才，给予更多的发展机会，对评价结果不佳的人才，提供建议和帮助。四是推动人才评价与科技创新深度融合，推动科技创新成果的转化和应用，实现人才与科技的良性互动。五是完善评价监督与反馈机制，不仅要确保评价过程的公正、公平和透明，还要及时收集和处理人才评价的意见和建议，不断完善和优化人才评价机制。

四、结语

当前我国经济已由高速增长阶段进入高质量发展阶段，应当以新的发展阶段作为出发点和立足点，遵寻尊重劳动、尊重知识、尊重人才、尊重创造的方针，发挥人才作为第一生产资源的作用，并通过实施更加开放的人才政策，引进高层次、高技能的青年人才，助力经济高质量发展。

江苏省信息技术人才战略与职业教育有机融合策略研究

辛 欣[*] 朱建彬[**] 郭琪瑶[***]

摘 要

江苏省信息技术人才战略与职业教育的有机融合需要教育模式的创新和政策的支持，还需加强专业师资队伍建设、产教融合、完善实训基地建设、提高学生综合素质等一系列的战略措施来提高信息技术人才的质量和数量。

随着经济数字化转型的加速，江苏省对信息技术人才的需求也在不断增加。截止2022年底，江苏省信息技术人才总量为334.2万，拥有高级职称的人才占7.5%，拥有中级职称的人才占20.8%，拥有初级职称的人才占35.2%。信息技术人才主要分布在南京、苏州、无锡、常州等地，其中南京市信息技术人才数量最多，达到了68.1万。

互联网、电子信息产业、电子商务、医疗信息技术、制造业、金融业、教育等领域对信息技术人才都有旺盛的需求也取得了良好的经济效益（例如，2021年江苏省互联网产业实现总产值为2.1万亿元人民币，同比增长13.5%。）随着市场竞争的加剧，这些领域都对信息技术人才的专业技能、综合素质、创新能力等方面提出了更高的要求。

职业教育在信息技术人才培养方面起着重要作用。根据江苏省教育厅2021

---

[*] 辛欣，江苏联合职业技术学院扬州分院讲师、民盟扬州市邗江区基层委员会三支部副主委。
[**] 朱建彬，江苏联合职业技术学院扬州分院讲师、教研室主任，民盟扬州市邗江区基层委员会盟员。
[***] 郭琪瑶，江苏联合职业技术学院扬州分院副教授、扬州市邗江区政协委员、民盟扬州市邗江区基层委员会副主委。

年发布的数据，江苏共有152所高等职业院校开设信息技术专业，其中计算机应用技术、软件技术、电子信息工程技术等专业的招生规模较大，毕业生就业率超过95%。共有264所信息技术类中等职业学校，包括计算机应用、软件技术、电子信息等专业方向，其中计算机应用技术、软件技术、电子信息工程技术等专业的招生规模较大，毕业生就业率超过90%。

目前，江苏省职业教育发展态势良好，正积极推进信息技术类专业的改革和创新，加强实践教学和实验室建设，提高学生的职业素养和实践能力。同时，江苏省鼓励职业教育机构与企业合作开展校企联合培养、实习实训等活动，加强产教融合，为学生提供更多实践机会。当然，职业教育信息技术专业人才培养中还存在一些问题：

一、教师队伍建设不足

由于江苏开设信息技术类课程较早，一方面，目前职业院校信息技术专业教师队伍平均年龄偏大，缺少年轻、专业素质高、实践经验丰富的骨干教师，无法满足产业快速发展的需要。另一方面，职业院校招收的信息技术专业教师的专业素质和实践能力存在差异，部分教师的实际工作经验不足。一些学校扩大招生后，教师的规模跟不上，师生比例不协调。据江苏省教育厅发布的数据，截止2020年，江苏省职业院校信息技术专业教师总数约为2.6万人，其中中专技校教师约1.4万人，高职院校教师约1.2万人。与此同时，根据江苏省职业院校教师队伍建设规划，职业院校信息技术专业教师总数应该达到3.5万人左右。同时，部分教师教学经验不足、技术更新不及时，无法跟上行业发展趋势。

二、产教融合不够紧密

产教融合是职业教育与产业紧密结合的重要方式，也是培养高素质技术人才的关键途径。当前，江苏省职业教育信息技术专业产教融合程度还不高，与企业合作的职业院校较少，缺乏有效的产教融合机制，无法满足企业对高素质人才的需求。据江苏省教育厅发布的数据，目前江苏省共有44所职业院校与企业建立了校企合作关系，覆盖率超过60%。但是，在信息技术专业领域，目前建立校企合作关系的院校较少，职业院校与信息技术产业之间的合作关系还需进一步加强。

三、实训基地建设不足

实训基地对培养高素质技术人才具有重要作用。江苏省职业院校信息技术专业实训基地建设存在一些问题：一方面，一些职业院校的实训基地设备落后，无法满足当今信息技术行业发展的需求。另一方面，少数职业院校没有完善的实训计划和实训管理机制，导致实训效果不佳，难以达到教学目标。江苏省现在已经采取了一系列措施加强实训基地建设和管理，包括加强实训设备更新和维护、加强实训师资建设、加强实训计划和考核管理等。令人惋惜的是一些实训室存在形式大于内容的情况，投入大量资金建设的实训室开课率极低，造成极大的浪费。

四、学生综合素质有待提高

职业教育信息技术专业学生综合素质有待提高的问题仍然存在。一是英语能力不足，信息技术专业对英语能力要求较高，但是部分学生英语水平较低，难以查阅和学习英文文献和资料。二是沟通能力不强，信息技术类的工作往往需要较强的沟通能力，学生在这方面的能力有待提高。三是创新能力欠缺，信息技术行业快速发展，需要具备创新能力的人才，部分学生缺乏创新思维，难以为行业创新做出贡献。

基于以上分析，我省需要政府和企业采取一系列的战略措施来提高职业教育信息技术人才的质量和数量，具体建议如下：

一、加强专业师资队伍建设

①设立专项资金，资助职业教育信息技术教师的培训和职业发展，支持教师参加行业研讨会、学术会议等活动，增强其行业洞察力和学术交流能力。

②鼓励企业参与职业教育信息技术人才培养，提供更多的教学资源和实习机会，帮助教师了解最新的技术和行业趋势，提高其实践能力。鼓励职业教育机构加强信息技术专业师资培训和交流，提高教师的教学水平和专业素养。邀请业界专家到职业教育机构授课或进行教学督导，提高职业教育中的产教融合效果。

③建立激励机制，奖励教师在教学、学生就业等方面的优异表现，提高教师的积极性和工作热情，促进职业教育信息技术师资队伍建设。建立职业教育信息技术教师评估和监管机制，加强对教学质量和教学成果的评估和监督，确保教师的教学质量和职业素养得到提高。

二、加强产教融合

①政府应鼓励信息技术企业、职业教育机构、行业协会联合成立信息技术

专业联盟，共同探讨信息技术领域的人才需求趋势，并协同推进教育培训和就业创业服务。联盟可以为职业教育机构提供专业的课程建议和培训支持，帮助职业教育机构更好地满足企业和市场对信息技术人才的需求。根据信息技术行业的快速发展和变化，职业教育机构可以灵活调整信息技术专业的课程设置和人才培养方案，确保教育内容与市场需求紧密结合，培养出更符合市场需求的信息技术人才。

②政府应提供创业孵化基地、创业贷款、创业指导等一系列支持，帮助信息技术专业毕业生创业，鼓励企业与职业教育机构合作，促进信息技术人才与企业之间的互动。同时，政府还应鼓励信息技术专业学生参与实际项目开发工作，增加学生在实际项目中的经验积累，提高其应用能力和创新能力。

三、完善实训基地建设

①鼓励信息技术企业与职业教育机构共建信息技术实训基地，推动信息技术专业课程实践教学环节的完善。实训基地可以设置信息技术实验室、仿真实训平台、实践课程等，为学生提供实践机会，让他们在真实的工作环境中学习和掌握信息技术职业技能。信息技术实训基地还可以为学生提供多样化的实践机会和职业发展支持，帮助学生更好地适应信息技术行业的发展和变化。

②增强对实训室使用效益的评估，提高师生对实训室的使用认识和使用积极性，同时加强对实训室使用情况的跟踪和分析，为实训室的合理运行提供数据支持。学校应建立完善的实训基地管理和评估机制，对实训基地的管理和运行情况进行定期评估和检查，及时发现问题并进行整改，确保实训基地的有效运行，为学生提供更优质的实践环境和实践机会。

四、提高学生综合素质

①江苏省教育厅已经提出了提高学生综合素质的一系列措施，包括加强英语教学、加强沟通技能培养、加强创新教育等。此外，学校还可以通过提供多元化的综合素质教育，如心理健康教育、文化课程，拓展各种课外活动和社团组织等，帮助学生提高综合素质。

②学校应鼓励职业教育信息技术专业学生参加社会实践活动，提高学生的社会参与能力。政府应加大对职业教育信息技术专业学生的创新创业支持，提供相应的资金和政策，以促进学生的创新意识和创业能力。

课程设置拓"宽度"、拔"高度"

——高中创新型人才培养策略研究

蒋同山[*]　姜　勇[**]

摘　要

国际竞争的本质是人才的竞争。创新型人才的培养关乎我国未来的发展，是我国教育领域必须重视的任务。高中教育衔接基础教育和高等教育，在整个创新型人才培养体系中具有承上启下的重要作用。因此，高中教育需要在观念和创新型人才培养策略方面做出调整。通过在课程设置中增设通识课程和开设高校课程，高中教育为学有余力的学生提供加速学习的选择，从而实现资优学生学习进度的个性化定制，提高其学习效率，有利于其更快更顺利地成长为适应未来发展的创新型人才。

一、创新型人才的定义

我国从 20 世纪 80 年代中期开始倡导培养创新型人才。创新型人才是指富于独创性，具有创造能力，能够提出并解决问题，开创事业新局面，对社会物质文明和精神文明建设作出创造性贡献的人。这种人才，一般都具备基础理论坚实、科学知识丰富、治学方法严谨、勇于探索未知领域的特质，同时具有为真理献身的精神和良好的科学道德。他们是人类优秀文化遗产的继承者，是最新科学成果的创造者和传播者。

---

[*] 蒋同山，扬州市新华中学中学高级教师、民盟扬州市委副主委。
[**] 姜勇，扬州市新华中学中学高级教师、民盟扬州新华中学支部宣传委员。

二、高中教育在创新型人才培养中的作用

现代国际之间的竞争的本质是人才的竞争。人才的培养，尤其是创新型人才的培养关乎我国未来的发展，是我国教育领域必须重视的任务。高中教育衔接基础教育和高等教育，在整个创新型人才培养体系中具有承上启下的重要作用。

三、高中教育理念亟须转变

在新的时代背景下，高中教育不能再仅仅追求升学率，而是要为国家的全面发展提供足量的人才储备。考虑到我国教育的现实条件和义务教育相关政策规定，高中教育必将成为创新型人才培养在基础教育阶段的主阵地。具体可行的做法是拓展高中课程的设置，并在此基础上适当开设大学先修课程。拓展高中课程可以让高中生的学习生活丰富起来，使得高中生不再拘泥于一味追求分数，而有充分的时间和精力来开拓视野，实现自身的全面发展。大学先修课程的设置，可以使高中生提前接触到大学的学习内容，并挖掘出创新型人才苗子。

四、高中创新型人才培养策略

（一）拓"宽度"，增设高中通识课程

高中教育教学改革的重点之一，是改变目前的以"分数"为核心的理念。首先，高中教育必须树立起所有课程地位平等的观念，不可一味重视高考科目而忽略非高考科目，尤其要积极响应"全民健身"和"劳动教育"的国家战略，重视学生身体素质的提高和劳动意识的培养。其次，高中教育教学内容的设置宜宽不宜窄，宜易不宜难，要引导学生有意识地拓展自身的视野，避免其产生畏难厌学情绪。最后，高中教育教学内容应该增设包括哲学、法律基础、人类学、语言学、逻辑学、文学、天文地理在内的一系列必修通识课。这些课程的开设，可以提升高中学生的语言能力、思辨能力和学习能力。这有助于学生形成"终身学习"的意识和能力。

（二）拔"高度"，高中开设高校课程

高中创新型人才的培养离不开高校的支持，高中和高校的交流互通是保证人才连续培养的可行方法。一是高校可定期组织教师到高中进行参观考察，了解高中的课程设置和执行情况，观摩课堂教学，深入了解学生的学习状况和学习需求。二是高中应充分利用研学机会，组织教师和学生到大学参观，了解大学教学要求。三是高中应充分利用大学教育人才资源优势，聘请专家、教授到

中学作报告或专题讲座，让学校教师和学生及时了解先进的教育思想、科技前沿动态和新世纪对人才的要求等，培养其研究能力和创新精神。四是在高中阶段，学校可以根据自身情况设置部分高校课程，以满足学有余力的学生的需要，充分发展、挖掘资优学生的潜能。高中需要注重数理化等基础学科，这些课程的设置可以为基础学科领域培养创新型人才。具体到课程组织与实施，高中开设的高校课程在教学层面可以按照大学标准实行。在高中阶段，学校还可以为其学生推荐大学相关专业课程使用的参考书目。合作开设课程的大学可定期组织专家教授对相关课程的执行情况进行评估。高中生选修高校课程的过程性评价和最终考核结果可成为大学招生环节综合素质评价的重要参考。同时，选修高校课程并通过考核成绩合格的学生可获得相关大学认可的学分。高中开设的高校课程可纳入到选修课中，学生可以自主选择。学校还可以在课余时间安排更多的高校课程，为拔尖学生提供额外的学习机会。授课方式可采用线上线下混合学习的方式进行，这一做法不仅有利于学生合理安排学习时间，还能培养学生的自主学习能力和时间管理能力，这些都是成为创新型人才所必需的重要能力。鼓励资优高中生选修高校课程，不仅能让学生提前了解相关专业，明晰定位，帮助其更为理性、合理地选择专业，而且能够大大缩短高中毕业生进入大学之后的适应期。

五、结语

高中在高校的引领与指导下进行创新型人才的培养，能够在高中阶段为学有余力的学生提供加速学习进度的选择，从而实现资优学生学习进度的个性化定制，提高其学习效率，有利于其更快地成长为适应未来发展的创新型人才。

关于优化基础教育阶段拔尖创新人才选拔培养机制的思考

李 超[*]

摘 要

基础教育阶段拔尖创新人才选拔与培养工作，是高等教育阶段创新人才培养工作的基础，对高层次的拔尖创新人才培养的影响巨大。目前，该项工作欠缺宏观一体化思想，存在认识误区，体系有待进一步完善，招生制度中存在掣肘因素、影响拔尖创新人才的有效甄选，相关机制过于僵硬、灵活度不足。建议确立宏观一体化思维，打通大中小不同学段的培养工作；扭转对拔尖创新人才选拔的错误认识，完善选拔培养机制；考查参与选拔人才学校资质，尤其是课程设置的内容和水平，客观确定各校选拔权利；对优质高中校放宽自主招生限制、加大自主招生比例。

创新是一个民族进步的灵魂，是一个国家兴旺发达的不竭动力。党的十八大以来，以习近平同志为核心的党中央把创新作为治国理政的核心理念之一，创新驱动已成为国家发展的核心战略。培养造就大量拔尖创新人才，是一项事关国家和民族未来的国家战略，是国之大计、党之大计。习总书记在党的二十大报告中也强调："我们要坚持教育优先发展、科技自立自强、人才引领驱动，加快建设教育强国、科技强国、人才强国，坚持为党育人、为国育才，全面提高人才自主培养质量，着力造就拔尖创新人才，聚天下英才而用之。"在2023

---

[*] 李超，徐州市第一中学年级处副处长，徐州市政协委员，民盟徐州市委委员、民盟徐州市第一中学总支主委。

年的《政府工作报告》中也强调："完善新型举国体制，发挥好政府在关键核心技术攻关中的组织作用，支持和突出企业科技创新主体地位，加大科技人才及团队培养支持力度。社会政策要兜牢民生底线。"基础教育阶段拔尖创新人才选拔与培养工作，是后续选拔和培养工作的基础，对高层次的拔尖创新人才的培养工作影响巨大。

一、存在的问题与不足

教育主管部门开始有意识的在拔尖创新人才的选拔培养方面予以积极关注和推进，但由于刚起步，这项工作还存在着许多问题和不足，这些问题与不足值得思考研究。

（一）欠缺宏观一体化思想，未能够将创新人才选拔与培养工作作为一项系统工程来认识

人才的培养过程也是人才的成长过程，它涉及大中小不同学段的系统规划和有机对接，而不是各阶段各行其是的简单累加。

（二）对拔尖创新人才的选拔存在认识误区

对选拔工作的认识，有些学校和部门还停留在尖子生的"掐尖"这一层次。这是对拔尖创新人才培养工作的皮相之见。

（三）拔尖创新人才选拔培养体系有待进一步完善

由于对拔尖创新人才的选拔培养工作认识上存在错误，必然造成选拔与培养工作中存在违背科学规律的做法及简单粗暴的工作方式。

（四）招生制度中存在掣肘因素，影响拔尖创新人才的有效甄选

中考既要保证初中毕业生的及格率以保证毕业率，又要保证中职的录取率，这就决定了中考试卷区分度小，不能甄选出拔尖创新人才。

（五）相关机制过于僵化，灵活度不足

许多地方推行的特长生自主招生是一项对拔尖创新人才选拔极具意义的方式，以徐州市为例，主管部门将特长生分为体育、艺术、科技、人文、小语种等五种类型，可谓丰富全面，但同时要求每所学校每年度原则上申报的招生类型不超过两个，这种"一刀切"的规定，没有充分考虑各高中校的资源特点，有能力的高中吃不饱，不具备条件的高中吃不了，严重限制了拔尖创新人才培养工作。

二、策略思考

针对以上不足，我们强烈感到时不我待，我们必须行动起来，让人才的选拔培养工作尽早尽快提升效率和质量。

（一）确立宏观一体化思维

真正将选拔培养工作看作一个系统工程，打通大中小不同学段的培养工作。大学作为风向标，定位拔尖创新人才培养的工作方向，将信息传递给中小学。小学开始关注人才苗子并进行有意识培养，中学对人才苗子进行进一步筛选，高校对人才苗子进行淬炼、锻造。

（二）扭转对拔尖创新人才选拔的错误认识

成为拔尖创新人的前题是在某一领域具有专长和发展潜能，其甄选不应被简单地理解为"掐尖"，一些学校为了争夺生源而把升学水平的筛选称为拔尖创新人才选拔是不恰当的。

（三）完善选拔培养机制

拔尖创新人才的培养是一项严谨的工作，唯有选拔精准、培养科学，才能够取得最佳效果。人才的成长需要优秀的课程体系作为支撑，就这一点而言，并非所有学校都具备条件，建议教育主管部门考查参选学校的资质，对教学条件不完备的学校给予指导和帮扶。

（四）对优质高中放宽自主招生限制，加大自主招生比例

取消类似"每所学校每年度原则上申报的招生类型不超过两个"的规定，让有条件的学校能够充分发挥能量，为拔尖创新人才的培养多做贡献。同时，通过加大自主招生比例，让更多拥有专长和有巨大潜力的学生，能够在高中阶段获得重点关注和培养。

坚持教育、科技、人才一体化的职业教育创新发展

陆海锋[*]

摘　要

党的二十大提出"实施科教兴国战略，强化现代化建设人才支撑"的战略任务，明确了科教兴国战略在新时代的科学内涵和使命任务。中国式现代化需要教育、科技、人才协同创新，而职业教育作为创新的关键主体，是教育、科技、人才三者的黏合剂，是实现教育、科技、人才协同发展的助推力。梳理、剖析当前我国职业教育发展中存在的问题，提出切实可行的改进措施，将有助于推动中国式社会主义现代化建设。

党的二十大明确指出："教育、科技、人才是全面建设社会主义现代化国家的基础性、战略性支撑。"教育在科技研发以及技术、技能人才培养方面具有不可替代的作用；科技则与教育密不可分，并以人才为支撑。我国已将教育、科技和人才上升到前所未有的战略高度，同时也对职业教育提出了加快服务和融入发展新格局、形成现代职业教育体系的新要求。毫无疑问，在"加快建设教育强国、科技强国、人才强国"的征程上，职业教育前途广阔、大有可为。

一、教育、科技、人才一体化创新发展的内涵

党的二十大首次把教育、科技、人才上升到国家现代化建设的基础性、战略性的高度。从教育、科技、人才三个方面的内在关系来看，贯穿其中的是知

---

[*] 陆海锋，江苏省通州中等专业学校副校长、南通市通州区政协常委、民盟南通市通州区二支部主委。

识,知识是把三者联系在一起的关键所在。教育就是通过一定的活动传播经验、技术、理论等知识的过程;科技把经验、技术、理论等知识再生产、再升华、再创造、再应用;而人才则是知识积累、知识创造、知识应用与知识传播的关键主体。在教育强国、科技强国、人才强国的征程上,要实现中国式社会主义现代化,就必须构建起教育、科技、人才"三位一体"协同发展的机制。

二、教育、科技、人才一体化发展的现实条件

(一) 行业协会主导工作未到位,产教融合不深入

职业教育创新发展最关键的是校企合作、产教融合,这一切离不开政府的统筹和推动。学校、企业主体意识的激发,更离不开行业的主导。在今后很长一段时间里,行业的创新方向、人才的质量标准、校企的融合协作,都离不开行业协会的主导。当前,鲜有行业协会主动参与或引导地方龙头企业对接职业学校、指导校企合作办学。产教融合没有达到真正意义上的深度融合。

(二) 学校企业认识有偏差,视野不宽广

当前,企业对国家倡导的创新型产教融合认识还不足,职业学校与企业开展的产教融合,大多数还是停留在传统认识上的校企合作层次上。在企业看来,搞校企合作、产教融合就是让企业赞助学校,给学生提供下企业的实训机会。在实践中,很多企业感觉产教融合学生管理风险大,担心学生毕业后不在本企业就业,造成企业的需求得不到保障,企业的正当利益得不到满足。同时,部分企业并没有深入理解当前政府主导的创新发展的真正目的和意义,没有站在为整个行业培养创新型技术人才的高度,肩负起教育、科技、人才一体化创新发展的企业使命。

(三) 传统教学模式未改变,产教融合推进有困难

政府虽然颁布了一系列关于职业教育领域深化产教融合、推行中国特色学徒制的相关文件,但大多数校企合作项目并没有真正展开,合作双方没有因合作而站在对方的立场调整工作计划和人才培养方案。在当前的合作模式下,校企合作、产教融合无疑增加了企业成本和学校经费的支出,占用了双方大量的财力、人力和物力。企业、学校不同的管理体制,也给深度推进产教融合带来了困难。

三、职业教育坚持教育、科技、人才一体化发展的具体路径

（一）加大政策保障力度，提升专业发展的内涵

一方面，地方政府应根据教育、科技、人才三位一体发展的实际情况，在政策上最大限度的保障职业教育的创新发展。另一方面，职业院校的创新发展离不开高素质的专业教师，而高水平、高质量的高校毕业生又不愿意到职业院校做教师，这对专业的发展、科技的提升、人才的培养都有很大的影响。地方政府应当充分考虑在高素质、高水平专业教师的引进上给予职业学校一定的政策支持和资金保障。同时学校要利用好国家的现有政策，通过学习培训、企业实践等途径提升专业教师技能水平，最终将技能的提升转化为育人质量。

（二）打造专业教师队伍

教育主管部门要从专业教师队伍中选拔教学能力强、教学教研基本功过硬的专业教师重点培养，逐步培养一批专业骨干教师、学科带头人、职业教育名家，还要努力培养一批善于钻研中国特色现代学徒制、现场工程、工匠之师。学校可以通过从企业聘请专业技术人员、高级工程师、工程师或是具有一定技能特长的技师，与学校专业教师互帮互助、共同进步。

（三）校企深度合作，提升服务地方经济的能力

人才培养的最终目的是服务社会。因此，职业院校应充分考虑国家政策，采纳企业建议，深化校企合作，以企业实际需求为目标，严格按照国家职业资格标准的要求，让教育、科技、人才在职业教育的创新发展中实现"三位一体"协同发展，进而为实现中国社会主义现代化强国目标贡献力量。

江苏跨学科师资人才培养策略

李红玲[*]

摘　要

　　跨学科师资的数量和质量是培养创新人才的关键前提。江苏跨学科师资培养的现状是课程体系逐步调整、教育培训逐步展开、部分学校积极参与。调查发现预备师资的培养存在课程体系不完备、课程内容待完善的问题，在职师资的培养存在基本资源不够用、创新阻力等多方面的困惑。本文提出江苏跨学科师资人才培养策略：通过"通识课程培养＋专业课程提升＋实践课程验证"三位一体培养预备师资；通过从政府到地方的统筹规划，采用"专家指导＋研修共同体"的方式培养在职师资。

　　科技是第一生产力、人才是第一资源、创新是第一动力。培养跨学科科技人才是培养创新人才的关键，为此，普通高中课程标准要求"更加强调提高学生综合运用知识解决实际问题的能力"；义务教育课程标准要求"设立跨学科主题学习活动，加强学科间相互关联，带动课程综合化实施，强化实践性要求"。想要落实课程标准对跨学科活动师资的要求，首先需要保证跨学科师资的数量和质量。本文立足新一轮课改背景，从预备师资人才与在职师资人才两个方面，分析江苏跨学科师资人才培养现状与问题，提出江苏跨学科师资人才培养策略。

---

[*] 李红玲，宿迁学院文理学院副教授，宿迁市政协委员，民盟宿迁市市委委员、市高教总支主委。

一、江苏跨学科师资人才培养现状

（一）响应国家要求，逐步调整课程体系

目前，江苏省预备师资主要依靠高等院校（包括师范院校和综合院校）培养。师范生的培养课程主要分为通识类、专业类、实践类，原有课程体系中不包含专门培养跨学科能力的课程，原有课程中很少涉及跨学科内容。2022年9月22日，教育部办公厅《关于进一步做好"优师计划"师范生培养工作的通知》中特别指出要"强化学科（领域）基础知识教学，注重跨学科（领域）教学能力培养"。为响应教育部的要求，江苏省部分院校积极完善师范生课程体系，努力培养学生的跨学科能力；另有部分院校采取在教师教育类课程中增加相关内容的方式来培养学生的跨学科能力。

（二）培训逐步展开，部分学校积极参与

江苏省多数中小学校已经开始组织教师参加跨科学研修班（线上+线下）、邀请专家到校开设讲座培训、举办跨学科项目式学习研讨会（课例展示+专家点评）、参与跨区域多校合作跨学科课例展演的学习交流等跨学科师资培训工作，也有部分学校还处于观望状态。

二、江苏跨学科师资人才培养存在的问题

（一）课程体系不完备，课程内容待完善

高等院校在师范生跨学科教育方面重视程度略显不足。首先，从课程设置来看，大部分院校没有专门培养跨学科能力的课程，偶有开设STEM（一种涵盖科学、技术、工程和数学等领域的综合性教育课程）的院校也将之设置为开课率无保障的选修课，而高等院校本身也存在缺少STEM师资问题。其次，跨学科能力也可以在专业课程中体现出来，但目前学校对培养师范生的专业课程并未作相关要求。调查显示，目前师范生获取跨学科知识主要有三个途径：一是自身在中学对多学科知识的学习；二是通过学习个别教育教学课程中的跨学科设计范例；三是通过自己课余的拓展阅读获取相应的知识。可见，师范生的跨学科培养工作受到课程体系不完备、课程内容不完善的影响，高等院校在跨学科教育方面存在缺失。

（二）基本资源少，创新阻力多

在职教师的跨学科能力培养需要多方面支持。首先，我国STEM教师培养能力不足，没有制订系统的STEM教师准入制度，江苏省中小学专业STEM教

师严重不足，并且可供一线教师参考学习操作使用的课程资源非常有限。其次，虽然大部分专业课教师对跨学科内容具有正向的情感认同，但是其创新积极性受到超负荷的工作总量、年级统一的课程教学进度、社会赋予的升学压力等多个因素影响。

三、江苏跨学科师资人才培养策略

（一）完善课程体系，充实课程内容

学校可以通过"通识课程＋专业课程＋实践课程"来构建课程体系，培养预备师资。一是通过通识课程培养学生的基础理论，学校要专门设立 STEM 课程，可以从企业聘请相关专业人士担任教师，考虑到学生的差异性，还可以开设 STEM 必修课程和选修课程。二是通过专业课程提升跨学科理论，无论是学科专业课程还是教育专业课程，学校都可以进行跨学科的融合设计，可以在引入环节或新知应用环节做交叉学科渗透，也可以以案例分析或教学设计的方式体现跨学科应用，强调实践性、综合性和融合性，为学生的专业发展赋能。三是通过实践课程强化跨学科应用，师范生可以通过课堂观摩与课后访谈等方式对已有的跨学科教学设计进行学习，也可以在教师指导下进行跨学科课堂实践，还可以为需要的在职教师提供新的理论支撑，促进在职教师的进步。

（二）加强统筹规划，促进逐层内化

一是教育主管部门应采用理论培训和专家课例展示相结合的方式先对重点骨干教师集中培训，然后由骨干教师进行分散培训，不断提升教师的跨学科理论水平。在此基础上，教育主管部门还应对教师进行实践引导，开展区域联动，加强校级合作，实现优势互补。二是学校层面应积极建立研修共同体，推进校本资源库的建设，形成指导性文件，营造关注跨学科的学术氛围，提供必要的资源支持，设置明确的监督与评估制度，要基于校本特色、本校学生水平架构校本化的项目型跨学科课程群。教育主管部门还应通过设置研究项目和开展跨学科课堂教学比赛等多种方式，促进跨学科课例设计，并逐步建立跨学科资源库（包括单一课程跨学科课例资源库与 STEM 综合课程资源库），为在职教师的教学实践提供充分的引导。

人才为体,科技为用,教育为术

——"教育·科技·人才"融合共进的实现策略

卢一飞[*]

摘 要

教育、科技、人才是三位一体,有机融合的整体。三者之中,人才为体,科技为用,教育为术。人才是社会进步、历史前进的主体,科技是我们自立于世界民族之林的矛和盾,教育是武装人才、实现强国复兴的必由之术。有效利用教育之术,建构"科技与人才"体用互促的高质量发展动力体系,这在百年未有之大变局中,显得尤为迫切且重要。江苏省应坚持高站位、宽视野、大格局、多措并举,支持教育优先发展,推进科技创新驱动,提高人才引育质量,在变局中开新局,促进教育、科技、人才的融合共进,建设社会主义现代化强国。

党的二十大报告指出:"教育、科技、人才是全面建设社会主义现代化国家的基础性、战略性支撑。"习近平总书记指出,要坚持教育优先发展、科技自立自强、人才引领驱动,加快建设教育强国、科技强国、人才强国,坚持为党育人、为国育才,全面提高人才自主培养质量,着力造就拔尖创新人才,聚天下英才而用之。

笔者认为,教育、科技、人才之中,人才为体,科技为用,教育为术。人才是社会进步、历史前进的主体,科技是我们自立于世界民族之林的矛和盾,

---

[*] 卢一飞,江苏科技大学副教授、镇江市丹徒区政协委员、镇江民盟江苏科技大学委员会副主委。

而教育则是武装人才，实现强国复兴的必由之术。如何有效利用教育之术，建构起"科技与人才"体用互促的高质量发展动力体系，在百年未有之大变局中显得尤为迫切且重要。

一、教育强化科技，科技优化教育

（一）教育是强化科技力量的必由之术

我们已迎来世界新一轮科技革命、产业变革同我国转变发展方式的历史性交汇期，既面临着千载难逢的历史机遇，又面临着差距拉大的严峻挑战。面对这个历史性拐点，我们应该将科技作为国家富强的重要支撑力量，重点加强对科技人才的培养。科技能否实现高水平自立自强、核心技术能否掌握在自己手里，这对于我们能否抓住历史机遇实现中国式现代化极其关键。而一个民族实现科技自强的最佳方式唯有教育。为了实现科技自强，我们需要增加教育投入，推动全路线教育发展，聚力尖端科技攻关，构建高质量科技体系。

首先，要增加科技教育投入。截止2021年，江苏高校在十年间累计获得科技经费总额1880亿元。科技教育经费的投入直接影响科技教育质量的高低，这是举国上下的共识。因此，要想快速提升科技竞争力、突破核心技术，政府就必须进一步加大科技教育经费的投入。在统筹投入的基础上，建议由教育主管部门牵头，设置科教专项引导基金，长期稳定支持高校科技教育体系。

其次，要推动全路线科技教育发展。科技教育资源主要流向三个领域：一是流向各级各类学校，培养专门的科技人才；二是流向社会公共教育场所（包括博物馆、科技馆、少年宫、市民活动中心等），提升全民科技素养；三是流向成人教育领域（包括职工教育、农民科教、专业技术人员的继续教育等），强化田间地头科技骨干的攻坚能力。建议在政策和资金上重视后两者的建设，推动全路线教育发展，实现科技教育的均衡发展及尖端冲刺。

最后，要聚力尖端科技教育攻关。关键核心技术是国之重器，我国必须切实提高关键核心技术创新能力，把科技发展主动权牢牢掌握在自己手里，为国家发展提供有力科技保障。教育系统是承担尖端科技攻关重任的主要阵地之一，培养大量核心技术领域的科学家，聚力尖端科技教育系统义不容辞。事实上，无论是在传统产业改造升级上，还是"祝融"探火、"羲和"逐日、"蛟龙"探海、"天和"遨游星辰等国家重点工程的背后，都有江苏高校的科研贡献。目前，江苏省各地踊跃实施"揭榜挂帅"制度，以解决产业重大共性技术需求和关键核心技术为导向，鼓励攻坚项目的申报。建议教育系统继续勇立潮头，积极组织顶尖科学家带领青年科学工作者共同开展攻坚项目的申报和研究。

（二）科技是优化教育手段的神器

教育领域应继续扩大科技覆盖度。在教育强化科技的同时，科技的介入也优化了教育手段，两者之间相辅相成。近年来，面向全民的教育数字化战略为有志之士的终身学习的打下了基础，提供了便利；各级各类学校的智慧教育平台为师生提供了海量的教育资源、灵活的学习模式；尖端科技的发展成果反向推进了一线教育的探索深度。因此，在我国推进"教育、科技、人才"融合共进的战略背景下，教育领域应继续扩大科技覆盖度，在教育的内容、手段、评价等各方面增加科技含量。建议提高高校教育中关键核心技术的培养力度、增设中小学教育中的科学类内容、扩大公共教育服务领域中科学项目的覆盖面。

二、教育培养人才，人才推进教育

（一）教育是建设世界人才中心的必由之术

2021年9月，习近平总书记就"深入实施新时代人才强国战略，全方位培养、引进、用好人才，加快建设世界重要人才中心和创新高地"作出重要部署。其中，自主培养人才被推到了极其重要的位置，而培养人才的关键是教育。以高等教育为例，各级教育部门应响应教育部的号召，实行分类施策、精准评价，引导高校科学定位、特色发展。建议推动江苏省部分本科高校向应用型转变，深化人才供给侧结构性改革；设立集成电路、人工智能、公共卫生等人才培养专项；有目标、有重点、成建制地培养国家急需的高层次紧缺人才；推进产教融合、校企合作，构建"产、学、研、用"深度融合的全链条、网络化、开放式协同育人联盟，全面提高人才自主培养质量。

（二）人才是建设世界教育中心的第一资源

中国要有所作为，必须加快建设具有中国特色、世界一流的大学和优势学科，打造世界一流创新高地，最终成为世界重要的高等教育中心。而在这个过程中，人才无疑占据着第一资源的重要地位。2020年以来，江苏省围绕重大技术前沿问题加强超前部署，深入实施前沿引领技术基础研究专项，遴选13位顶尖科学家聚焦高可信智能软件、极致性能显示、蛋白质功能设计等交叉学科，跨领域开展"从0到1"原创性研究，抢占未来发展先机。这就是人才起到的决定性作用。建议江苏省教育领域制订政策、落实服务，全方位培养、引进、用好人才，建设教育强省，为我国打造世界教育中心添砖加瓦。

三、教育、科技、人才融合共进

世界科学中心、人才中心和高等教育中心是互为支撑的关系。人才为体，实现教育强国和科技强国都需要人才的亲身实践、全心投入；科技为用，实现教育强国和人才强国都需要在科技上抢占先机、突破关键核心技术；教育为术，实现科技强国和人才强国都需要教育贯穿始终、推尖育新。由此，江苏省应坚持高站位、宽视野、大格局、多措并举，支持教育优先发展，推进科技创新驱动，提高人才引育质量，在变局中开新局，促进教育、科技、人才的融合共进。

四、结语

教育、科技、人才是全面建设社会主义现代化国家的基础性、战略性支撑。民族复兴路上，让我们仰望浩瀚苍穹、逐梦星辰大海，让我们激发创新活力、见证高质发展、开创强国新章。

以科技赋能教育
以信息化促进课后服务公平

王 剑[*] 张 丽[**]

摘 要

本文指出了当前"双减背景下"课后延时服务的主要问题,提出了科技赋能教育的四个方面的建议,旨在提高数字化水平在全社会的推广,期待全社会参与评价。

随着我国经济水平不断发展,科学技术与信息化技术的进步,越来越多的现代化教育装备被应用于课堂教学中。同时,随着"双减"政策的落地,这些现代教育装备也被应用于课后服务工作当中。

目前,中小学的课后服务工作,存在一些需要重视和解决的问题:一是内容上尚未完善。在服务项目上,学校提供的课后服务项目有限,内容不丰富。二是师资人才匮乏。随着课外服务的开展,学校对各类副科师资的需求逐步增加。三是监管上还需加强。课后服务的准入标准和监测机制普遍缺位,"双减"政策的评价机制、评价方案、督查督办等还存在困难,支撑课后服务的跨部门资源共建、共享机制有待明确,多元课后服务的准入标准、成本分担办法、激励机制和监管程序有待建立。

党的二十大明确提出"全面提高人才自主培养质量,着力造就拔尖创新人

---

[*] 王剑,扬州健坤科技发展有限责任公司总经理、扬州市政协委员、高邮市政协常委,民盟江苏省委科技委员会副主任、民盟扬州市直属高邮支部主委。

[**] 张丽,江苏省扬州旅游商贸学校高级教师。

才；推进教育数字化，建设全民终身学习的学习型社会、学习型大国"。当前，如何更好的将数字技术应用于课后服务当中，落实党的二十大精神至关重要。

一、探索创新举措

（一）构建信息化课后服务平台，实现管理智能化

按照教育部信息中心信息化平台"两级建设、五级应用"的建设原则，建议在教育部中小学管理服务平台上，开发课后服务功能模块。该模块应具备四个方面的功能：一是为教育主管部门提供数据分析、方案审批和质量评价等功能；二是为非学科类培训机构入校提供申报及线上竞标功能；三是为学校提供课程资源管理、师资管理、场地管理、排课管理、教师考勤、教学评价等功能；四是为家长提供在线选课、缴费、退费、查看学生课表、课程评价、意建建议等功能。

（二）设置多元化课程，满足学生多样化发展需求

《中共中央、国务院关于深化教育教学改革全面提高义务教育质量的意见》明确提出"五育并举"，全面发展素质教育，突出德育实效、提升智育水平、强化体育锻炼、增强美育熏陶、加强劳动教育。课后服务工作应按照"博雅兼备、五育并举"的理念，构建"普惠素养课＋特色社团课＋特色教室课"的课后服务课程资源库，从而尽可能满足学生多样化的学习与发展需求，提高课后服务吸引力与服务质量。

（三）加强课后服务的师资建设

教育主管部门应加强对教师的人文关怀，健全激励机制，完善弹性上下班等制度建设，还应多渠道拓展课后服务教师队伍，招募志愿者、社会公益团体、非学科类"白名单"教育培训机构，构建兼职教师资源库，满足学生各类特长和兴趣发展需求。

（四）购置智能设备，支持精准化课后服务

课后服务的素质类课程经常用到多媒体设备，在教学过程中，网络问题，存储空间问题经常影响多媒体设备的正常工作。为了解决这些问题，建议在每一间教室内，部署一台课后服务的专用智能设备，该设备集课后服务课程存储、播放、互动教学、数据采集等功能于一体，采用智能操作系统，可与教室已有多媒体设备相连接。

二、达成推广目标

(一) 助力落实"双减"工作目标，强化常态化监管

教育主管部门应通过对课程资源、师资培训、管理平台、运营服务、智能设备等维度的建设，着重落实"双减"工作目标中课后服务的提质增效问题，提升课后服务水平，力争如期实现"双减"任务目标。

(二) 建设丰富的素质类课程

提供丰富多彩的素质类课程，由每个学校、每个班级根据学生情况，选择自己要开设的课后服务素质类课程。教师利用教室内的多媒体交互设备，以高互动的形式，提升课后服务的趣味性，打造区域和学校的特色课后服务。

(三) 提升素质类课程教师教学水平

学校应该通过教师能力提升工程，分"说课—赛课—教研提升—名师引领"4个阶段逐步提升素质课教师的教学水平，从根本上解决课后服务中师资短缺的问题。

(四) 助力优化资源配置，促进教育均衡化发展

教育主管部门应将优质教育资源进行科学整合，并通过信息化平台进行合理配置，这有利于推动教育资源均衡化及教育公平。

三、展望社会评价

一是课后服务可切实解决家长接送孩子难的问题，缓解现代家庭养育和监护压力，是一项能够切实解决民生问题的惠民工程。二是课后服务项目可以助力当地数字经济发展，提供更多的就业机会与岗位，促进当地实体经济的发展。三是在特色化课后服务中，形式丰富、种类多样的课后服务课程资源不仅能够提升学校教育的质量和效果，还能彰显一所学校的办学特色，提升学校的竞争力。四是办好特色化课后服务是实现学校内涵式发展的重要途径。学校只有秉持"兼容并包、皆有特色"的构建原则，依托信息化手段，以国家智慧教育平台为基础，汇集活动中心、文旅局、科协等机构的课程资源，才能根据自身特色与需求，走出一条特色化课后服务之路。

新时期江苏交叉学科建设路径研究

民盟南京艺术学院委员会[*]

摘　要

研究生层面的新时期江苏交叉学科建设可以通过江苏省内相关高校的科技与艺术交叉学科建设得到体现。其建设路径主要源于相关交叉学科的研究生招生单位对其学科的定位、统筹与规划。统观江苏省有关高校，树立教学新内涵、开辟科研新途径、促进人才引育新模式、立足学科评价新体系、提升资源配置新机制是学科建设的要务。

经济、政治、文化的繁荣促进了教育事业的进步，而新时期的来临也为教育树立了新的发展命题和发展目标。"新时期江苏交叉学科建设路径研究"是以《中华人民共和国国民经济和社会发展第十四个五年规划和2035年远景目标纲要》（简称"十四五"规划）和"新文科"为背景的研究命题，旨在探研江苏有关高校的交叉学科发展战略，以获得高等教育质量提升的新路径。

一、关于"新时期"

随着经济的发展及科技的进步，原本互不相关的各个行业及领域出现了相互交叉、融合的发展趋势。在这一背景下，高校的学科交叉与互融工作势在必行。对于我国"十四五"规划中提出的"发展社会主义先进文化，提升国家文化软实力""加快数字化发展建设数字中国"的目标来说，我们将目光锁定在了最具交叉属性的科技与艺术学科。

---

[*] 执笔人：马晓翔，南京艺术学院传媒学院国家级数字媒体艺术实验教学示范中心互动媒体实验室主任，教授，博士生导师，民盟南京艺术学院委员会副组委。

"新文科"是在传统文科基础上的,进行跨学科的专业课程重组,把现代信息技术融入哲学、文学、语言等课程中,对学生进行综合性的跨学科培养的学科。这同样让我们聚焦最能体现新文科理念的科技与艺术学科。

二、"交叉学科"释义

目前,国内的交叉学科具有两层涵义:一是2021年1月14日教育部新设置"交叉学科"门类,即中国第14个学科门类,其一级学科设置为"集成电路科学与工程"和"国家安全学";二是涉及各类具有交叉属性的学科门类,艺术学是2011年从文学学科中独立出来的第13个学科门类,其下属的"科技艺术""数字媒体艺术""数字表演"等专业具有极强的文理交融特性,是文理兼容的代表性专业。

三、新时期江苏交叉学科建设目标及路径

发展新兴交叉学科是新一轮科技革命和产业变革的迫切需要,也是国家"双一流"建设的重要内容。基于研究生层面的科技与艺术交叉学科建设,是新时期江苏交叉学科建设的重要任务,其目标是探索适合的教学范式、完善研究领域的知识体系、构建科学的学术体系、优化科研人员的从业梯队。

国务院印发的《统筹推进世界一流大学和一流学科建设总体方案》明确要求:"坚持以学科为基础。引导和支持高等学校优化学科结构,凝练学科发展方向,突出学科建设重点,创新学科组织模式,打造更多学科高峰,带动学校发挥优势、办出特色。"以此为宗旨,研究生层面的新时期江苏交叉学科建设路径主要从界定教学新内涵、探研科研新途径、拓展人才引育新模式、建设评价新体系、设立资源配置新机制几个方面着力,其中教学内涵、科研途径、人才引育和评价体系是重中之重。

(一)新时期江苏交叉学科建设的教学新内涵

江苏南京艺术学院于1999年开设数字艺术相关课程,于2006年并获得江苏省教育厅的批准,正式成立数字媒体艺术系科,是国内最早开设科技与艺术交叉学科的艺术院校。南京艺术学院于2006年开始培养数字媒体艺术硕士研究生,2008年开始培养数字媒体艺术博士研究生,2009年获批国家级数字媒体艺术实验教学示范中心,2020年数字媒体艺术专业被评为国家一流学科建设点,成为江苏科技与艺术交叉学科建设与发展的领头羊。

在人才战略中,学科是载体,更是基础。新时期江苏交叉学科建设应研究

学科教学的新内涵，明确建设目标。在其学科建设中，应聚焦需求、遵循规律、瞄准特色，打造塔型学科结构；应瞄准核心，确立学科方向；应创新研究生层面的学科组织模式，推动学科均衡、协调、可持续发展。

（二）新时期江苏交叉学科建设的科研新途径

交叉学科的优势在于跨界的融合、跨领域的合作、跨媒介的融通。现代科学技术是推动交叉领域、交叉产业和交叉经济发展的重要推手。而一个国家的文化艺术是软实力，是该国被国际社会认同、获得话语权、增强影响力的重要支点。科技与艺术的结合为科学研究提供了横向交叉与纵向融通的新思路，为研究生科研成果的应用性转化提供了新契机。同时，交叉学科研究生层面的科研路径不可一味地走他国的老路，必须融入创新与开拓精神。

（三）新时期江苏交叉学科建设的人才引育新模式

建设江苏交叉学科的人才引育新模式关键在于"引"和"育"。"引"是对学科背景丰富、知识储备优良、学术视野宽广、热爱教书育人的优秀人才的引进。"育"是对新进教师的培养、锻炼，让他们充分开发自身在教学、科研、合作方面的潜能，让自我培育、自我磨炼、自我提升成为其教师生涯的常态。

（四）新时期交叉学科的评价体系

新时期的学科评价是研判学科建设有效性的试金石，也是保证学科可持续发展的压舱石。新时代背景下，激烈的科技竞争、繁荣的文化发展、有限的资源投入、多层次的教育需求，迫切需要更科学、更精准、更具针对性的学科评价体系。

（五）新时期江苏交叉学科建设的资源配置

经费、政策、招生指标均是建设交叉学科的重要资源，可以为学科的可持续发展提供有效保障。新时期的交叉学科建设已经进入了高质量发展阶段，实现资源的精准化投入已经成为交叉学科建设的关键。当前，江苏交叉学科建设的资源配置工作主要包括人才配置、院系平台配置、设备与资金配置。

四、结语

江苏交叉学科建设需要在原有的发展道路上与时俱进，需要依托江苏本土的人文和政策环境，更需要高校结合自身优势及交叉学科的特点创新实践。

深化产教融合、科教融汇，构建应用型高校产科教相长的互动内生机制

苏 慧[*]

摘 要

本文从创新机制体制，寓教于师，产科教融合；深化教学改革，寓教于研，产科教融通；强化科教协同，寓研于教，科教融汇促创新；深化产教协同，寓产于教，产教融合促发展四个方面探讨了应用型高校深化产教融合、科教融汇的建设方案及进一步构建应用型高校产科教相长的互动内生机制。

党的二十大报告指出，"统筹职业教育、高等教育、继续教育协同创新，推进职普融通、产教融合、科教融汇"，这是实施科教兴国战略、人才强国战略、创新驱动发展战略，开辟发展新领域、新赛道，不断塑造发展新动能新优势的重要突破口。高校应以立德树人为根本任务，主动面向区域、行业、产业，深化产科教融合，深入推进产教融合型品牌专业、产教融合型一流课程、产业学院、产教融合重点基地建设。以行业和企业需求引导教学改革，促进教育内容与技术发展的衔接、教学过程与生产过程的对接，进一步促进教育链、知识链、产业链、创新链、人才链有效融通。本文对深化产教融合、科教融汇育人新模式提出如下建议。

---

[*] 苏慧，金陵科技学院教务处处长、二级教授，江宁区人大常委、民盟江宁区基层委员会主委、民盟金陵科技学院支部主委、民盟南京市委常委。

一、创新机制体制，寓教于师、产科教融合

（一）营造产科教融合的学术研究氛围

学校应遵循科研规律、教学规律、教育规律，将教学的学术性与科研的育人性完美结合；突出育人导向、整合优化资源，推动科研资源转化为教育资源、学科优势转化为人才培养优势、科研优势转化为教学优势；通过科研实践大课堂，让学生学到课本上学不到的知识，提高学生动手能力，激发学生对所学知识的热爱。学校应加强人资处、科技处、教务处、二级学院之间的协同合作，通过定期组织讲座、学术沙龙、学习社区等方式营造良好的学术氛围，使学生和教师愿意进行学习和研究。

（二）构建产科教融合的教师培养机制

学校应充分发挥教师发展中心作用，定期安排教师进行科教融合工作的培训。培训内容主要包括科研和教学两个方面。此外，学校还应加强师德师风建设培训、现代信息技术应用培训、科研方法技巧培训、"双师"队伍建设培训和教师国际视野培训。

（三）实施产科教融合的评价激励机制

学校应把教学、科研、学科、文化、管理、育人有机融合，对产科教融合工作较好的教师予以奖励。在人才培养方案中，学校应增加科学素质训练课程、大学生创新创业课程；将学生参与科研立项、综合技能计划等第二课堂活动纳入综合考核，计入学生综合测评；要求毕业生在校期间主持或参与科研项目、参加学科竞赛活动或科技论文报告会等活动；对较好完成项目的学生和指导教师给予一定的奖励和荣誉。

二、深化教学改革，寓教于研、产科教融通

（一）大力推进教育教学数字化建设

学校应创新在人工智能、5G应用、智能机器人等新兴产业的数字人才培养模式，加强信息技术与教学过程融合；探索智慧思政、智慧课堂、智慧作业、智慧考试等数字化应用场景；拓展教学时空，探索虚拟现实技术空间中的体验式、探究式、合作式、互动式、混合式等教学新模式；大力建设信息化教学环境与资源，帮助教师提高数字化教学能力，指导教师将优质课程资源上线校外平台，积极推进 MOOC（大型开放式网络课程）、SPOC（小规模限制性在线课程）、混合式教学模式；通过自建、整合、征集和引进等方式，探索多主体参与、多渠道供给、多形式应用的数字化教学资源共建共享。

（二）着力提升课程教学内容的先进性

一是改革创新教学内容、方法、手段和组织形式，让教学方法与信息技术相融合、课程建设与学术前沿融合、专业建设与学科建设融合、个性化的讲座与教科研融合。二是动态调整专业课程模块和课程教学内容与地方新兴产业技术发展相适应，加强产教融合一流课程建设，完善教学团队和科研团队，确保教师科学研究成果充分融入课程教学内容，提高教学内容的先进性和适用性，坚持"教学内容跟踪学科发展"和"教材与时俱进"。三是将国内外前沿科研成果转化成课堂教学内容，围绕最新的学术前沿成果建设精品视频公开课程，将典型科研成果写入学生教材。

（三）努力提高专业与产业的契合度

学校应按照"突出优势、强化特色、创新机制、打造品牌"的要求开展产教融合品牌专业建设，推动"专业建设＋互联网"的深度融合、专业建设与主导产业深度融合；实现"工工"结合、"工文"交叉和"工农"交叉，以继承与创新、交叉与融合、协同与共享为主要途径，进一步加强新工科、新文科和新农科建设。

三、强化科教协同，寓研于教，科教融汇促创新

（一）建立本科导师制，以项目教学驱动实践育人

学校应加强教师对学生的科研素质训练、学术引导及科研基础训练；鼓励教师设计科研小选题带领学生进行科学研究。在研究过程中，导师应对学生进行方向性的指导、启发和帮助，加深其对科研的理解和领悟，增强其创新、创造能力。学校应实行以科研训练为基本方式，以研究性学习、自主性学习为基本特征的创新人才培养长效机制，进一步提升师生教科研水平。

（二）探索向学生全面开放教学资源

学校的所有产学研平台、实验平台、实习实训平台应全面对学生开放。学校还应精心设计一定数量的综合性、设计性、研究性实验项目，为学生自主学习提供多样选择。学生可以根据自己的兴趣爱好走进实验室、融入科研实验平台，选择适合的实验项目开展创造性实验活动。

（三）实施双创全覆盖，以赛促研提升应用能力

学校应培养学生创新意识、创新思维与创新方法，提高学生的科技创新精

神、创造能力、创业意识，鼓励学生发表论文、申请专利。为进一步提升学生科研素养，学校应以学科竞赛为抓手，以赛促研，组织大创、沙龙、辩论赛等活动，开展学生"科教融合"项目、创新性实验项目，组织学生参加"挑战杯""互联网+""创青春"等大赛。

四、深化产教协同，寓产于教，产教融合促发展

（一）构建多维联动的校企联合育人机制

学校和企业应在政府有关部门的指导下，通过企业研发与学校研究融合、企业人才需求与人才培养融合、行业资源与高校资源融合、企业功能与教学改革融合、人才培养标准与相关行业标准融合，逐步形成多维联动、合作共赢的校企联合育人机制。

（二）共建多元协同的政校企行实践平台

高校应与地方政府、企业、行业协会积极探索共建、共管、共享产业学院，与企业共建产教融合技术研发中心、校内外一体化实习平台、创新实验室、众创空间等，为培养高素质人才创造条件，学生与企业导师共同完成项目，增强了学生技能和社会服务能力。

（三）搭建"招生－培养－就业－发展"人才培养全链条

学校应持续探索与行业产业和区域经济社会发展需要相符合的人才培养模式，搭建"招生－培养－就业－发展"人才培养全链条，不断健全校企合作制度，通过产教融合、校企合作，培养企业所需人才，广泛拓展学生实习就业渠道。

校企深度融合与企业新型学徒制

——基于长电科技（宿迁）的考察

裴启军[*] 徐小坤[**] 孙莉利[***]

摘　要

深化职业教育改革，促进校企深度融合是当前推进人力资源供给侧结构性改革的迫切要求。当前，宿迁市在积极探索校企深度融合下的企业新型学徒制，对接企业一线员工的技能培训业务，强化技能提升，努力提升企业市场核心竞争力。

为探寻职业院校与行业企业形成命运共同体的价值内涵及深化产教融合、校企合作的企业新型学徒制的人才培养模式，本考察以校企融合与企业新型学徒制为考察重点，以长电科技（宿迁）为考察对象，分析提炼企业新型学徒制实施过程中遇到的问题以及取得的成效，并提出解决办法和建议。

一、企业新型学徒制取得的成效

宿迁市探索校企深度融合的"企业新型学徒制"，在以下方面取得了一定的成效：

（一）区域建设机制和管理制度方面

校企双方已在人才培养方案、企业内部职工培训计划、考核机制、企业员工激励机制等方面展开深度合作。

---

[*] 裴启军，江苏省淮海技师学院高级讲师、民盟宿迁市高教总支副主委。
[**] 徐小坤，宿城区历史文化研究会研究员、民盟宿迁市城乡发展委员会副主任。
[***] 孙莉利，江苏省淮海技师学院讲师、民盟盟员。

（二）企业新型学徒制的课程体系和内容方面

校企双方共同制定了"长电科技（宿迁）有限公司企业新型学徒制培训方案"，并构建了"长电科技（宿迁）有限公司培训任务包"。

（三）师资队伍建设及考核评价体系方面

培训机构选派专业课教师按照培训方案参与课程教学；企业技师在企业实践岗位上指导学徒操作；学生通过第三方技能鉴定考核，取得相应专业（工种）的技能等级证书。

（四）"老板、教师、徒弟"命运共同体方面

得到了国家政策支持的学校取得了相应的培训资金，教学资源得到了进一步拓展，"双师型"教师队伍不断增加。企业员工的理论与技能得到了提升，取得了国家认可的职业技能资格证，企业的核心竞争力得到了提升。

二、存在的问题

企业新型学徒制采用"企校双制、工学一体"的培养模式，校企双方以"人才共育、过程共管、成果共享、责任共担、校企共赢"为合作理念。在实践过程中这种培养模式也存在一些问题，大致可以归纳几点：

（一）企业的主体性作用发挥不足

企业新型学徒制就是以政府为主导、企业为主体的创新型学徒制，但在实践中，企业往往只重视生产和经济效益而忽视了自身作为新型学徒制主体应该发挥的作用。

（二）新型学徒机制不够健全

实践中，部分参与主体在落实推进新型学徒制工作中出现敷衍塞责、形式主意的情况。为更好的推进新型学徒制探索工作，政府有必要健全包括监管机制、补贴机制、培训效果评价机制在内的一系列制度。

（三）组织架构不完整

当前宿迁的企业新型学徒制组织框架还不完善。企业新型学徒制运行中的企业资格审查和宏观管理职责主要由各级地方政府承担（其中大部分工作由培训学校对接企业某个部门），没有吸纳行业协会、企业工会等社会组织参与，容易形成了管理"真空"。

（四）产教融合的学徒制模式面临困境

企业是盈利性的经济组织，追求经济利益最大化是企业经营的首要诉求。

"培训无用论"在中小型企业中盛行,企业参与产教融合积极性不足。

三、对策与建议

(一)以政府为主导,构建产教融合培训模式的制度框架

①政府应发挥主导职能,促进院校与企业、行业之间的有效合作。中央有关部门要做好统筹规划、综合协调、宏观管理。地方各级人民政府应做好本行政区域内技能培训工作的领导、协调、督导和评估,促进产教融合相关主体自觉履行义务。

②政府要搭建技术交流平台,促进职业学校培训与产业界技术有效衔接。行业协会要建立沟通渠道,及时掌握企业新产品、新技术、新工艺并及时将新技术、新工艺转化为技术标准。教育部门要根据最新的技术和工艺准备培训课程,并列入相关专业指导性教学计划,实现职业学校教学内容与企业技术有效衔接。

③政府应完善资金支付和激励办法。一要加大企业培训学徒的扶持力度。二要完善激励制度,提高企业及学校参与热情。三要探索建立培训企业税费减免制度。

④政府应构建技能培训的评价体系。培训工作的质量、学徒技术资格证书的"含金量"、用人单位的人才激励与考核机制等,都需得到有效监管。政府要建立内部与外部测评、期中监管与期末考核、全面评价和重点考察等全方位、多维度、立体化的新型学徒制监管机制。

(二)调动企业参与学徒制培养的积极性、主动性

①政府应保障行业企业在学徒制培养中的利益,将企业参与新型学徒制的补助政策尽快落地。地方政府应出台企业参与产教融合联合培养人才的补助政策,并支持学校专业教师参与企业技术攻关,提高企业新产品研发能力,帮助企业降低研发成本。

②政府要努力实现深度融合下的校企合作。常规的产教融合、校企合作模式已经落后于时代的发展要求。由学校教师教授理论知识,由企业技师传授实践技巧的"双师带徒"培养模式不仅降低了企业用工成本,而且增强了企业核心竞争力。

新时代江苏省中医药"教育、科研和人才"融合高质量发展的路径建议

关晓伟[*]

摘 要

在新江苏"强富美高"的发展愿景下,江苏中医药行业需要采取创新的教育、科研和人才策略来实现高质量发展。为推动江苏中医药事业快速发展,为人民的健康贡献更大的力量,必须深化教育改革提高中医药人才培养质量,加强科研创新提升中医药学术研究水平,优化人才发展环境打造中医药人才高地。

中医药是中华传统医学的瑰宝,在预防、治疗和保健方面具有独特的优势。党的二十大首次把"教育、科技、人才"统筹谋划、一体部署,具有十分重要的战略意义。"教育"是根本,"人才"是资源,"科研"是动力,探索三者有机融合、协同发展的有效路径,是新时代江苏省中医药高质量发展的关键。

一、中医药"教育、科研和人才"协同发展是构建"强富美高"新江苏的必然要求

高质量发展是全面建设社会主义现代化国家的首要任务,人民幸福安康是高质量发展的最终目的,而"健康江苏"是建设"强富美高"新江苏,实现人民幸福安康的基础。

---

[*] 关晓伟,南京中医药大学医学院·整合医学学院副院长、教授、博士研究生导师,民盟江苏省教育工作委员会副主任、民盟南京中医药大学委员会副主任委员,南京中医药大学欧美同学会(留学生联谊会)常务副会长。

江苏具有丰富的中医药资源与悠久的中医药历史。提升中医药社会认可度，提高中医药服务"健康江苏"的能力；深入挖掘中医药科学内涵，推进"中医药强省"建设；构建中医药高质量教育体系，加快卓越中医药人才输出，是新时代江苏省中医药高质量内涵式发展的必由之路。

在新冠疫情中，中医药充分发挥了其特色优势，增加了民众对中医药的认可度，吸引了大批优秀的青年人才投身于中医药事业，这对中医药教育体系也提出了更高的要求。因此，中医药"教育、科研和人才"协同一体发展是构建"强富美高"新江苏的必然要求。

二、江苏中医药"教育、科研和人才"融合发展的现状分析

在科教强省、健康江苏、乡村振兴等发展战略中，江苏中医药行业要紧抓机遇、发挥优势、加大人才培养力度，助力全省高质量发展。党的二十大之前，尽管中医药专业建设过程中并未系统的谋划"教育、科研和人才"协同发展路径，但由于三者之间自发的形成了一个相互成就、协同发展的体系。当前，这种自发的协同体系已不能满足新时代中医药高质量发展的需求。一是缺乏顶层设计；二是缺乏系统规划；三是缺少借鉴范本；四是缺少落地举措。

三、新时代中医药"教育、科研和人才"高质量发展的路径建议

为加快实现江苏省高水平科技自立自强，最大程度激发创新活力；为满足广大人民群众日益增长的健康需求，培养高质量中医药人才队伍，中医药行业要探索出适应新时代需求的发展模式和人才培养体系。高校是中医药产业高质量发展的策源地。高校在创新体制机制、加强师资建设、推进人才评价、改革激励机制、凝练中医药重要科学问题、提高中医药创新成果等方面，都需要反复思考与规划。基于当前中医药产业的现状，本文就中医药"教育、科研和人才"融合高质量发展的路径提出了几点建议。

（一）加强"三全育人"顶层设计，吸引高质量中医药人才

立德树人是教育的根本任务，也是培育中医药高质量人才的基本要求。为了吸引高质量生源加入中医药事业，构建中医药全员育人、全程育人、全方位育人的"三全育人"体系迫在眉睫。建议江苏省相关部门进一步明确"三全育人"总体目标、落地举措和长短期规划，指引新时代背景下中医药教育与人才的发展方向，规范高校落实中医药"三全育人"任务。

（二）推进政府相关部门的协同工作体系，引领中医药创新发展方向

新时代中医药的高质量发展离不开教育厅、科技厅、卫健委、中医药管理局、社会发展与规划办公室、科协等各部门的通力协作。建议省政府建立"中医药高质量发展"工作小组，深入高校、医院、企业与研究所进行调研，制定新时代中医药高质量发展规划，引领中医药在教育、科研和人才方面的发展。

（三）凝练中医药关键科学问题，聚力中医药源头创新与转化

中医药在防病治病时能发挥独特优势，但由于中医药的原理难以用科学的语言进行解释，一定程度上限制了中医药的创新发展与应用推广。建议围绕江苏中医药的优势与特色，收集影响中医药创新发展与转化应用的关键科学问题，梳理中医药发展的难点和痛点，形成并发布中医药关键科学问题清单，以"揭榜挂帅"模式，解决影响中医药产业高质量发展的关键问题。

（四）促进中医药"产教研医"一体化体系，加快"中医药+"创新体系建设

阐释中医药科学内涵、提升中医药创新水平、加强科技生产力转化、推动中医药临床优势、培养中医药高水平团队，是中医药高质量发展的核心目标。建议由省政府或相关部门牵头，以中医药关键科学问题为导向，搭建高校、药企、医院和研究机构之间的交流平台，整合相关单位的优势资源。同时，政府还应引导脑科学、大数据分析学、量子力学、人工智能等新兴学科与中医药产业的协同创新，构建"中医药+"创新体系，加快中医药产业创新发展。

（五）完善中医药师资培养体系，构建高水平师资团队

培养中医药高质量人才，离不开高质量师资队伍。建议由江苏省教育厅与中医药管理局牵头，引导中医药教育、科研、企业和医院的高层次人才，组成若干中医药高水平师资团队，以此提高中医药人才培养的质量与水平，进而提升江苏省中医药的国际影响力和话语权。

在教育、科技、人才一体化视域下推动基础教育改革

钮烨烨[*]

摘 要

在教育、科技、人才的一体化视域下，笔者调查发现基础教育阶段学生科学与技术素养普遍薄弱，其原因是学校普遍存在教育评价唯成绩论，忽视了对学生发现问题、解决问题及科技伦理方面的培养。据此笔者提出三方面的对策：一是扩大教育开放度；二是重视课程实践与实践课程；三是改革教育的评价制度。

教育、科技和人才是全面建设社会主义现代化国家的基础性、战略性支撑，教育优先发展、科技自立自强、人才引领驱动是一个整体工程，需要全局性谋划和整体性推进。笔者认为，教育培养人才，人才创新科技，教育是三者一体化的基础。因此，笔者在教育、科技、人才一体化视域下，对基础教育改革进行了一些思考。

一、问题

培养人才是教育行业的基本目标。对应于自然科学与技术，基础教育阶段设置的国家课程有地理、生物、物理、化学、劳动、信息科技和通用技术。笔者调查发现，当前的基础教育还存在以下不足：一是虽然开设了科学课、技术课，但很多学生对科学与技术的好奇心和探究欲不足，不敢进行有风险的、异

---

[*] 钮烨烨，苏州市吴江区太湖新城成人教育中心校副校长、高级教师，苏州市吴江区政协委员，民盟苏州市吴江区委员会委员、民盟苏州市吴江区委员会文化二支部主委。

于常人的、超越现实的尝试，不会动手做实验、做设计。二是学生的科学精神、科学态度、科学思维和技术实践能力存在不足。学界也普遍认为，适应时代的实践型创新型人才培养工作是我国基础教育的短板。

二、分析

教育是教育、科技、人才协同运行的基础。当前，教育在培养实践型、创新型人才方面还不能适应时代的需要。其背后的原因包括：一是基础教育阶段学校普遍搞"关门办学"，使科学教育脱离生活，技术教育缺乏载体。二是教育以考试成绩作为最重要的评价标准，学生的实践能力和创新精神被忽略。在科学与技术教育中，科技的实践、探究与体验过程常常被省略，科技已被窄化为静态的知识。三是追求答案标准统一，忽视解题的灵感、忽视科技伦理、忽视自主发现。因此，有必要推动基础教育改革，促进教育、科技、人才协同发展。

三、对策

（一）基础：扩大教育开放度

教育要面向现代化、面向世界，面向未来。学校要加强教育与学生生活、国内外经济社会发展、科技和人才的联系，促进科技资源、人才资源向教育资源的转化。

首先，坚持全面发展的教育方针，保证教育内容的全面、评价内容的全面、素养形成的全面。学校要严格执行国家课程计划，避免"考什么教什么""不考不教"现象，推动跨学科主题学习，加强自然科学与人文科学的联系，发挥课程的协同育人功能。

其次，健全家庭、学校、社会协同育人机制，形成"以家庭教育为基础、学校教育为主体、社会教育为依托"的协同育人模式。政府应鼓励社会组织和个人以各种方式参与教育事业。学校在多渠道扩大科学和技术教育供给的同时，也要使培养的人才更适合国家和社会的需要。

最后，拓展学生自主活动的时空。学校应遵循陶行知的"六大解放"教育思想，真正把国家的"双减"政策落到实处。一是严格控制学生在校集中教学活动时间，小学、初中和高中每天在校集中学习时间不得超过6小时、7小时和8小时。二是严格控制家庭作业，小学中高年级、初中和高中学生每天书面家庭作业时间分别控制在1小时、1.5小时和2小时以内。三是严禁中小学组织任何年级学生在节假日集体上课。四是午间与活动时间开放学校的运动场、图书馆、电脑房等场所，让学生有自由选择活动的时间和空间，保护学生对自然和社会的好奇心和探究欲。五是社会和政府部门要达成共识，建设良好的教育生态，不因一些小概率的安全事故给学校套上紧箍咒，让学校敢于放开手脚开展丰富多彩的活动。

（二）关键：重视实践课程与课程实践

学校要把教育同生产劳动与社会实践相结合大力提倡实践教育，弘扬工匠精神，尊重劳动和创造，充分发挥实践的育人功能。

首先，要重视实践课程。学校要遵循学以致用的逻辑，切实保障劳动、通用技术和综合实践课程开齐上足。政府相关部门要切实保障实践类课程所需要的师资、场地、设施设备。学校要明确学生参加劳动的具体内容和要求，引导学生崇尚劳动、尊重劳动、热爱劳动，培养学生的劳动态度、劳动能力、劳动习惯和劳动精神。

其次，要重视课程实践。教育遵循由实践到理论的马克思主义认识论。在基础教育阶段，学校要进一步弱化学科体系，加强课程与生产劳动和社会实践的结合，要改变课堂组织形式和教学内容呈现形式，以活动的形式组织教学。学校要倡导"做中学、用中学、创中学、研中学"，注重情境教学、案例教学和项目教学，让学生获得更多亲身参与和亲身经历的机会。

最后，要在各类课程中对学生进行职业介绍，让学生在广泛接触各行业、各学科、各专业的过程中，形成自己的准专业发展方向，明确与之对应的职业对科学与技术素养的要求。

（三）保障：改革教育的评价制度

基础教育改革的推进，很多时候受制于评价制度。教育评价制度既是基础教育改革的一项内容，又是一项前提条件，必须进一步推进教育评价制度的改革。一是要对评价内容进行改革，设计并实施好综合评价体系。教育评价要包括对学生道德、智力、体育、审美和劳动的普遍考察。在设定评价权重时，要保持各个领域的均衡，避免唯智力、唯知识、唯"主科"的短视行为。二是要对评价方式进行改革。教育主管部门要注意内部评价与外部评价的结合、形成性评价与终极性评价的结合，相对评价与绝对评价的结合，质性评价与量化评价的结合。研究科学实验、技术实践、项目学习等评价的操作办法，要制定基于情境的、面向问题解决的、综合运用科学知识和相关技能的、体现科学与技术核心素养的评价操作办法，还要重视增值性、发展性的评价，以评促改，以评促建。三是要进行评价的配套改革。为什么"双减"政策执行后，一些学校在"延时服务"时间给学生上"主课"，而各地的"双减"政策执行评价报告均显示效果良好？这显然与客观实际不相符。为此，必须建立独立于教育系统的第三方评价机制。四是要改革初中、高中学校招生录取方式，不把综合评价作为摆设，发挥其实际的甄别选拔功能。政府和教育行政部门不得下达升学指标，不得将升学率与学校工程项目、经费分配、教师评价等挂钩，不得以中考、高考成绩为依据发放奖励，不得公布、宣传、炒作中、高考"状元"和升学率。

四、结语

作为教育工作者，我们必须深刻领会党的二十大报告关于教育、科技、人才的重要论断，在立足实际、锐意改革时，加强教育与科技、人才的有机联系，发挥好科技的动力源作用和人才的主体性作用，提升三位一体的整体效能，以高质量的教育助力教育强国、科技强国和人才强国建设。

有效推进教育、科技、人才"三位一体"有机融合

沈建中*

摘 要

本文结合高等教育现状讨论了我国在基础教育和科技成果转化方面的问题，指出我国的基础教育存在"木桶效应"，我国科技成果转化率存在"对接难"等问题，并提出了适当减少知识点，注重培养学生的思维能力和科学素养，改进中考和高考方式，加强对转化服务平台的引导和管理等建议，希望通过改革教育体制、加强科技研发与市场对接等措施来提升我国的教育和科技成果转化水平。

党的二十大报告指出："教育、科技、人才是全面建设社会主义现代化国家的基础性、战略性支撑。"科技需要人才，教育培养人才——教育、科技和人才，三者既是统一的，又是互动的。2023年政府工作报告提到，5年来，积极稳妥推进高考综合改革，高等教育毛入学率从45.7%提高到59.6%，高校招生持续加大对中西部地区和农村地区倾斜力度。新增劳动力平均受教育年限从13.5年提高到14年。由此可见，我国新增劳动力，大部分为大学毕业生，高等教育为我国长远发展打下了坚实的人力资源基础。教育、科技、人才"三位一体"有机融合，互相促进，对国家创新发展至关重要。

---

* 沈建中，苏州市吴江区民主党派服务中心主任、苏州市吴江区政协委员、民盟苏州市吴江区委副主委兼秘书长。

一、问题

（一）基础教育和高等教育存在"木桶效应"

基础教育知识点众多，导致学校对学生思维能力培养力度不足。随着人工智能时代的到来，知识储备的重要性正在下降，思维能力和科学素养变得越来越关键。我国的基础教育应适当减少知识点，把教育重心转移到思维能力的培养上。当前，基础教育"内卷"很严重，很多青少年的兴趣、求知欲、探索欲，随着年龄增长和学业量增加都受到了压制，这对创新性人才培养非常不利。

高等教育的问题是学校趋同化严重，缺乏特色，这对人才培养也不利。如果所有大学都向着大而全的综合性大学发展，有可能会弱化专业的发展。

（二）科技成果转化率不高，不到发达国家指标一半

目前，中国科技成果的转化率仅为30%左右，而发达国家这一指标为60%至70%。据了解，目前各地之所以聚焦科技创新成果转化应用体系建设，主要是近年来，在科技成果转化中，"转什么""怎么转""谁来转"的问题依然受到体制机制掣肘。战略性新兴产业科技成果转化前景分析报告统计，中国的前沿科技成果只有10%—30%被应用于实际生产中，能够真正形成产业的科技成果仅为其中的20%左右。

我国科技领域论文数量位居世界前列，2022年热点论文数量更是首次取得全球排名第一的傲人成绩。这表明中国的科技创新能力已达到一定高度，然而，基础研究中的创新性成果并不简单等同于生产力。喜的是，过去5年我国发明专利产业化率整体呈稳步上升态势，2022年增至36.7%，创近5年新高；忧的是，过去5年，企业发明专利产业化率为48.1%，高校发明专利产业化率为3.9%，科研单位发明专利产业化率为13.3%。可见，科研成果与市场需求不匹配是造成我国整体发明专利转化率低的重要原因之一。

（三）科技成果长期"藏在深闺人未识"

科研院所的科技成果与市场"对接难"的问题普遍存在，许多科技成果长期束之高阁。我国必须进一步促进科技成果转化，让更多创新成果更快走出实验室，转化为现实生产力。

许多学校的科研成果属于国有资产，因此要对其做保值增值处理，但成果转化却并不一定能成功。这种风险成了捆住科研成果转化的"绳索"，导致了典型的"三不现象"，即不愿转、不敢转、不能转。让科技成果走出"围墙"、走向市场，实现科研单位、企业、市场、政府之间的良性互动，是摆在中国科技成果转化中的一道难题。

二、建议

（一）打破教育壁垒，改进中考和高考方式

要真正打通各个教育阶段之间的壁垒，就需要从整个教育体系上进行改革。一是在中小学教材设置上增加科学类内容。二是在教学上，从单方面的知识输入转变为互动式、开放式的教学，培养学生的思维能力和创新能力。三是改进中考和高考方式，调整中考和高考指挥棒，彻底改变中小学的学习方式。基础教育应该加强理科教育和科学教育，让所有人都有机会提升基本的科学素养。与此同时，在普高和职高教育的分流中，应当建立合理的体系和正确的价值观，既要避免潜在的科研人才过早流失，也要让不同禀赋的学生都能在教育体系内各有所学，找到适合自己的发展道路。

（二）搭建桥梁和平台，实现精准化匹配

科技成果与市场对接难主要因为双方的信息交流不畅。政府要通过各种方式打通科研机构、高校与企业的沟通障碍，提高它们之间的信息交流效率。只有高校与高科技企业二者深度融合，才能打通人才链、产业链和创新链，以最紧迫的"卡脖子"问题为导向开展科研攻关，尽早实现关键核心技术突破。中国科技成果转化最需要做的就是打造高端复合型的服务生态系统。政府要允许采用所有权激励方式，把部分成果所有权转让给科研人员。

（三）政府要加强对转化服务平台的引导和管理

科技成果转化服务平台要纳入要素市场化配置改革的框架，并重点从三个方面进行优化：一是强化整合，改变小而散的状态。二是加强开放性，强化与其他主体或平台的链接。三是以平台为基础优化科技成果转化服务生态体系。政府要以信息平台为基础，搭载咨询服务、中介服务、撮合服务、金融服务，实现与创新创业平台的链接，提升信息的正向和反向传递效率。科技成果在转化服务平台上的反馈信息要及时传递给科研主体，以此解决科技成果与市场需求不一致的问题，提升科研成果的市场导向、产业导向。

三、结语

当今时代最需要的科技人才，是复合型、交叉型的人才，教育、科技与人才之间密不可分。"三位一体"有机融合、相辅相成，是现代科学发展的必然要求。

促职业教育发展，为科技人才赋能

宋爱娟[*]

摘 要

现代职业教育是国民教育体系和人力资源开发的重要组成部分，职业教育不仅能为社会培养更专业的技能型人才，而且能为国家新兴产业输送更系统的科技人才。虽然职业教育正朝着健康的方向稳步发展，但一直存在社会认同度低、校企合作不足、师资严重匮乏等诸多问题。这就需要我们建立与市场需求紧密结合的现代职业教育体系。

党的二十大报告特别强调："教育、科技、人才是全面建设社会主义现代化国家的基础性、战略性支撑。"这一重要论断，对于全面建设社会主义现代化国家、全面推进中华民族伟大复兴，具有重大现实意义和深远历史意义。

当今世界正经历"百年未有之大变局"，职业教育作为国民教育体系和人力资源开发的重要组成部分，与产业发展和劳动就业密不可分，是国家的前途和个人立身的根本所在。为此，必须加快构建现代职业教育体系、提高职业教育水平，加强职业技能培训。

在这样的大背景下，镇江市职业教育稳步发展，职业教育招生人数逐年增长，职业学校规模不断壮大，办学质量和效益明显提高，已基本形成了中等职业教育与高等职业教育同步发展的职教体系，对全市经济社会发展起到了积极的推动作用。

下面以丹阳市为例，对职业教育的发展情况作一下总结和思考。

---

[*] 宋爱娟，丹阳市正则中学高级教师、民盟丹阳市正则中学支部副主委。

一、职业教育发展现状概述

（一）职业教育发展概况

丹阳市原有丹阳市职业技术教育中心、丹阳市技工学校、吴塘职中、大泊职中等4所中等职业学校。2010年，吴塘职中、大泊职中并入丹阳市职业技术教育中心，并更名为江苏省丹阳中等专业学校。

江苏省丹阳中等专业学校（简称"丹阳中专"新址位于丹阳市丹金路上，是一所全日制公办职业学校，是国家中等职业教育改革发展示范校、江苏省现代化示范性职业学校，学校占地343亩，建筑面积近16.45万平方米，馆藏纸质图书13万余册，现有在校生4494人，专任教师345人，设有4个系部，共开设24个专业。

2022年，按照《镇江市"十四五"教育事业发展规划》，以五年制贯通培养为纽带，推进中、高等职业教育一体化办学的思路，丹阳中专切实落实"校企合作、工学结合、顶岗实习"人才培养模式的制度设计，真正实现了与企业共同办学治校。

（二）职业教育成绩显著

好教师成就好学校，好学校成就好专业、好项目。以丹阳中专为例，在江苏省教育厅发布的"江苏省第三批中小学生职业体验中心拟认定名单"公示中，丹阳中专"小熊饼干"职业体验中心榜上有名，这是继"工业机器人应用职业体验中心"之后，该校第二个省级中小学生职业体验中心。在省教育厅办公室"关于报送2022年度中等职业学校德育工作总结及推荐相关典型的通知"中，丹阳中专成功入选"三全育人"典型中职学校（全省仅29所）；在江苏省教育厅启动实施省优秀中等职业学校和优质专业建设计划中，丹阳中专"机电技术应用"和"眼视光与配镜专业"被确定为江苏省中等职业教育优质专业；在江苏省教育厅正式发文确定的2022年江苏省职业教育100个校企合作示范组合培育项目中，丹阳中专与大亚科技集团有限公司的合作项目成功入选。

二、职业教育问题剖析

当前，职业教育尽管取得了一系列的突破和历史性的成就，但与高质量发展要求来对比，仍存在一些"短板"和亟待解决的"瓶颈"。

（一）传统认识影响社会认同

在传统观念中，职业技术院校培养的多是企业第一线的操作人员，属于蓝领阶层，不仅工作辛苦，而且不体面、收入少。这种认识使家长和学生把职业教育作为迫不得已的选择，加之职业教育院校的毕业生就业压力大，社会认可度低，直接导致职业教育缺乏吸引力、竞争力，制约了学校的正常发展。

（二）目标偏差导致体系缺乏

职业教育的目标是培养应用型人才。当前，很多职业学校不能准确把握职业教育的性质，仍沿袭普通教育办的学模式和思路，高职办成压缩型的本科或是放大型的中专。某些高职院校在专业设置、教学过程、教学方法和教学评价上，向本科院校看齐，没有把高职教育办学目标落实到教学实践中，也没有突出高职教育的特色，缺乏专业教学体系、教学标准开发的支持体系和高水平职业教育课程开发队伍。

（三）利益诉求妨碍合作深度

当前，校企合作模式已经成为社会共识，但是校企合作的深度还不够，依然存在一系列问题，导致学生实习实训深度和广度不足，不利于高技能人才的培养。

（四）"双师"匮乏阻碍人才培养

师资力量薄弱，"双师型"教师缺乏，阻碍职业教育教学水平的提高。部分教师没有接受过职业技术教育理论和教学方法的培训，更缺乏生产一线工作的经验，理论与实践脱节，难以对学生进行实操指导，无法胜任技能培训工作。校企合作机制也不完善，高职院校很难长期稳定地聘请到企业技术人员作兼职教师。

（五）保障薄弱阻断高速发展

高职教育注重实践性教学。一方面，资金不足大大制约了教育目标的实现；另一方面，职业教育制度与保障体系不够完善，严重制约了职业教育和培训体系的构建与完善。

三、职业教育对策建议

要建立灵活开放、特色鲜明、高质量发展的现代职业教育，可以采取以下策略：

（一）明确定位，完善体系

职业教育要服务于国家战略，必须建设一批高水平职业院校和专业，必须搭建产业人才数据平台，完善专业教学标准，建立职业技术师范院校，健全在职教师继续教育及专业化培训体系，完善教育教学质量监控体系，建立符合职业教育特点的评价体系，从而增强职业教育认可度和吸引力。

（二）长效保障，鼓励合作

政府部门要鼓励校企共建专业，为使学生技能培养不脱节，要构建以就业为导向、注重工学结合的人才培养机制。高职院校不仅要让学生掌握科学文化知识，更要让其掌握实际操作技术和技能。政府要通过设立高技能人才培养基金、高技能人才创新奖励制度等，来进一步提高一线技术工人的政治和生活待遇，增强一线技术工人的自豪感和获得感。

（三）调整布局，对接地方

学校应该根据地方经济发展和产业结构升级需要，切实优化专业设置。职业教育应紧跟行业热点和社会需求，不断推陈出新。

（四）建立机制，注重育人

教育主管部门应建立"岗课赛证"综合育人机制。在目前已取得的现代学徒制成功经验的基础上，学校要继续探索中国特色学徒制，人才培养将更加注重学生工匠精神的养成。

（五）制度支撑，促进发展

严格的职业准入制度、"双证书"（学历证书与职业资格证书）制度是发展职业教育的重要保障。目前，我国在这方面的制度还不健全，需尽快完善宏观层面的法律法规和规章制度，为职业教育发展提供支撑。

（六）架设通道，转换职业

政府应建立职业教育和普通教育双向流动的通道，推动普通学校和职业院校之间的学分互认，普通高等学校可以招收职业院校毕业生，并与职业院校联合培养高层次应用型人才。在确有需要的职业领域，政府可以实行中职—专科—本科贯通培养模式。

（七）提高素质，壮大师资

教师队伍的素质直接关系到职业教育的成败，建设一支有质有量的双师型教师队伍是提高教育质量的根本前提。高职教育人才培养的特殊性，要求教师有扎实的专业理论功底和较强的职业技能。政府要通过产学结合、校企合作使教师获得新技术、新知识、新方法，为实现教学目标打下坚实的基础。

职业教育唯有立足于自身特点，创新培养模式，贴合本土化经济发展，才能满足社会主义市场经济对多样化人才的需要。

科技创新驱动发展　科教融合协同育人

赵春梅*　杨　姝**　王　钰***

摘　要

在科技革命和产业变革的时代背景下，加快培养国家急需的应用型、复合型和创新型人才是我国实施创新驱动发展战略的关键。科教融合是培养具有创新意识和创新能力的高素质人才的必然要求。科教融合把科学技术应用于教学内容、教学方式方法和课程体系建设，使知识创新和技术创新紧密结合起来，形成"教育＋科技"协同发展、双轮驱动的新格局。

一、新时代背景下的科教融合

在科技革命和产业变革的时代背景下，加快培养国家急需的应用型、复合型和创新型人才是我国实施创新驱动发展战略的关键。党的二十大将教育、科技、人才作为全面建设社会主义现代化国家的基础性、战略性支撑，作出一体化部署。习近平总书记强调"必须坚持科技是第一生产力、人才是第一资源、创新是第一动力，深入实施科教兴国战略、人才强国战略、创新驱动发展战略"。在全面建设社会主义现代化国家的新征程上，我们要坚持教育优先发展、科技自立自强、人才引领驱动，实现教育、科技、人才的高质量融合。

新时代的教育要以培养高素质、多元化人才为根本任务。科教融合是培养具有创新意识和创新能力的高素质人才的必然要求。科教融合用科技赋能教学内容、教学方式和课程体系建设，使知识创新和技术创新紧密结合起来，形成

---

* 赵春梅，光大生态环境设计研究院有限公司资深设计顾问、民盟江苏省委科技工作委员会副主任。
** 杨姝，光大环境科技（中国）有限公司专业工程师、南京市江宁区第十三届政协委员。
*** 王钰，光大生态环境设计研究院有限公司副院长、江苏省直科技第二支部参政议政委员。

"教育+科技"协同发展、双轮驱动的新格局。

二、科教融合中存在的问题

（一）基础教育与创新型人才培养脱节

随着人工智能、元宇宙、信息化等技术的飞速发展，对创新思维的需求更加凸显。当前，学校存在只注重知识的传授，忽略对学生创新能力培养的问题，此外，缺乏创新型人才培养相关的教学资源和师资力量，也会影响学生创新能力的培养。

（二）产学研融合程度不够，科研与市场脱节

市场需求随着技术的发展而不断变化，科研院所的科技成果一定不能完全满足市场的需求。高校、科研院所和企业在各自的领域都拥有一定的资源和优势，但由于缺乏有效的合作机制，导致资源无法有效整合，优势无法实现互补。

（三）科技创新体制环境尚不健全，企业创新能力不足

企业在科研中的主体地位没有得到充分体现，存在科技成果转化效率低下、创新资源分配不合理、创新成果评估体系不完善等问题。企业创新能力不足，特别是在"卡脖子"技术、关键核心技术领域问题依然突出。

三、推动科教融合协同育人的建议

为加快推动科教融合，进一步提高我国自主创新能力和核心竞争力，实现高水平科技自立自强，必须在科教融合中采取有力措施，提升创新体系整体效能，推动科教融合协同育人。

（一）提高教学水平，注重视野拓展

为进一步提升我国教育水平，教育主管部门要通过科教融合，以科研为先导，促进教学内容更新、教学方法变革、教材建设创新。同时，青少年阶段是学生开阔视野、涵养智慧的关键时期。学校可通过各类研学活动，扩大青少年精神空间和思想容量，为其未来的发展奠定坚实的基础。

（二）转变教育观念，助力人才培养

当今时代，知识更新速度不断加快，新技术、新模式、新业态层出不穷，学校要转变教育观念，由以知识传授为主向以知识创新为主转变，由以书本学习为主向以实践学习为主转变，由以课堂教学为主向以课堂教学与实践相结合转变。学校要健全科学研究与人才培养有机结合的机制，充分利用新技术，增强课程的实践性、综合性和前沿性，要通过组织学生参加各类创新创业活动和

社会实践活动，使其成为适应新时代需求、具有较强创新能力、能够适应经济社会发展需要的高素质人才。

（三）加强产学研合作，推动资源融合

政府要充分调动高校、科研院所和企业的积极性，破除三者之间的体制机制障碍，要充分发挥不同类型创新主体的作用和优势，加强资源共享和协同创新，促进创新链、产业链深度融合。

（四）建立容错机制，促进自主创新

科技创新要想取得突破，必须建立容错机制。科技创新过程就是一个试错的过程，如果不能得到宽容和支持，科研机构和科研人员很难保持积极性。健全的容错机制能让科研人员在科技创新过程中能够大胆探索，积极实践，对于营造良好的科技创新环境，激励科研人员积极投身科技创新事业具有十分重要的意义。

（五）弘扬科学精神，构建教育环境

科学是一种知识，科学精神是一种态度，科学的态度决定科学的发展。弘扬科学精神就是要培养学生形成严谨的思维方式、坚定的意志品质和良好的心理素质。营造良好的教育环境，特别是形成健康向上、和谐相处、团结协作的创新文化氛围是弘扬科学精神的重要保障。

强化基础教育阶段学生科学探究素养迫在眉睫

卢　弘[*]

摘　要

科学技术是第一生产力。近年来，在经历芯片等多个领域的"卡脖子"技术问题后，发挥举国体制优势，将创新人才的培养起点进一步前移到基础教育阶段，不断完善"小学—初中—高中—本科"全学段的科学能力培养和创新思维培养的规划与方案，已成为全社会的共识。

科学技术是第一生产力。近年来，在经历芯片等多个领域的"卡脖子"技术问题后，发挥举国体制优势，将创新人才的培养起点进一步前移到基础教育阶段，不断完善"小学—初中—高中—本科"全学段的科学能力培养和创新思维培养的规划与方案，已成为全社会的共识。

一、基本情况

《义务教育小学科学课程标准》的出台，为小学生学习科学知识提供了制度保障。2021年7月，中共中央办公厅、国务院办公厅印发了《关于进一步减轻义务教育阶段学生作业负担和校外培训负担的意见》（以下简称"双减"政策），"双减"政策落地后社会反响热烈，其目标不仅在于减轻学生过重的课业负担和校外培训负担，更重要的是要遵循教育规律，让学生学习更好地回归校园，强化学校教育主阵地作用。通过提高课堂教学质量，提升课后服务水平，让每个孩子都能有更好的发展，成就最好的自己。早期的科学教育对一个学生

---

[*] 卢弘，泰州市政协常委、民盟泰州市海陵区基层委员会主委、民盟泰州市文化工作委员会主任。

科学素养的形成具有十分重要的作用。从小学阶段开始，让学生参加科普兴趣小组或社团活动等，可以提升他们的动手能力、创新能力和交往能力。

二、存在的问题

当前，在中小学阶段学生的科学素养仍然薄弱。从江苏泰州海陵区落实中小学自然科学课程情况来看，学生的学科知识学习情况相对较好，但学校的探究实践教学仍然存在一些问题。

（一）整体教育评价模式单一

在基础教育阶段，对学生评价的主要指标还是以考试分数为主，一些无法以分数衡量的学科很难得到学校和教师的重视，科学课即其中之一，其课程的实践部分在一些学校更是处于"被遗忘"的状态。

（二）科学教育资源配置失衡

首先是教师配备不足，以泰州市海陵区为例，全区15所小学（含九年一贯制学校）仅有专职科学教师30余人。其次是硬件设施不足，尽管目前城乡教育硬件资源差距不断缩小，但偏远学校的易损实验器材仍然不充足且难以补充。再次是课时设置不足，小学阶段一般每周仅有1课时的科学课程，明显落后于该年龄段学生心智发展和兴趣培养的实际需求。

（三）缺乏科学探究素养评价标准

目前，对中小学生科学探究素养的评估仍然只有一个模糊的框架，没有形成易操作的细则，科学课教师在期末对学生做评价时只能以其课堂表现做主观判断。

（四）"双减"政策赋能科学教育不足

按照"双减"政策规定，从2021年9月1日起，全国中小学开始落实"5+2"课后服务模式。当前，中小学校的课后服务大致包括了"社团""作业辅导+答疑解惑""看护"三种形式，只有少数学校可以保证每周课后服务中有一次社团活动，而受限于学校办学资源、师资能力、学校负责人的重视程度等各方面原因，仅有个别具有特色的小学开展了一些科学类社团活动。

三、相关对策建议

（一）保护学生科学探究的好奇心

在义务教育阶段（尤其是小学阶段），学生好奇心和求知欲最为强烈，这种好奇心和求知欲是推动学生学习科学的内在动力，对其终身发展具有重要的作用。学校要将科学本质、科学思想、科学知识、科学方法等内容融入到科学主题中，增强课程的趣味性，创造愉快的教学氛围，激发学生学习科学的兴趣，引导学生主动探究。

（二）强化科学课资源配置

在硬件设施方面，当前中小学普遍缺少激发科学兴趣的体验和实践中心，学校可采取多方共建、共享的办法进行完善。在教师队伍建设方面，学校可以通过培训、定向培养以及聘任校外辅导员等多种方式，打造科学教师队伍。在课时设置上，学校可以适当增加各种类型的动手操作科学实验课时，让孩子们自己动手探索认识世界。

（三）促进个性化人才健康成长

教育主管部门围绕个性化人才的选拔、培养，建立和完善机制，要充分利用"强基计划"的现实影响力，鼓励中小学申请自然科学课题，夯实基础教育阶段创新人才和个性化人才的早期培育，逐步完善与高水平大学的连续培养通道。

（四）充分发挥"双减"政策导向作用

政府要整合科技、卫生健康等部门的资源，指导学校充分用好延时课，定期在课后服务中，以科学社团等形式开展面向不同年级学生的科学实验、自主探究等科学探究素养活动。教育主管部门要鼓励学校积极参加"金钥匙"科技竞赛等活动，培育学生的创新创造意识，提升学生的科技创新实践能力，要鼓励乡村学校借助邻近的医院、工厂等现有资源，开发各具特色的科学教育"校本课程"。

职业教育与科技创新跨界融合的人才培养探究

陈玲玲* 辛 欣** 周文兰***

摘 要

随着科技创新的不断推进和经济转型升级的需要，职业教育与科技创新的跨界融合成了当前的热点话题。本文探讨职业教育与科技创新跨界融合的策略和路径，旨在推动江苏省人才培养工作，为经济转型升级提供有力支撑。

当前，江苏省处于调整产业结构、提高科技含量来推动转型升级的重要阶段。职业教育与科技创新的跨界融合是推动转型升级的重要动力，可以帮助企业提高人才的素质和专业水平，使其能够适应新的经济形势和技术变革。

在职业教育和科技创新融合方面，做得比较好的是美国、德国、日本和韩国。这些国家在政策制定、产学研深度合作、技术研发和教育教学资源共享等方面都进行了很多有益的实践和探索。例如，麻省理工学院推出了多项旨在促进职业教育和科技创新融合的倡议，其中的"工作智能网络"项目将教育者和雇主联系在一起，以促进劳动力发展。TAFE NSW 作为新南威尔士州最大的职业教育和培训提供者，已与联邦科学与工业研究组织（CSIRO）合作，共同开发新课程。日本以技能立国为理念，推动职业教育和企业的深度合作，通过技能认证、实习等方式，提高了职业教育学生的职业竞争力。

国内也进行了一些有益的探索，如深圳市职业教育和科技创新合作试点项

---

* 陈玲玲，江苏联合职业技术学院扬州分院讲师、教研室主任，民盟扬州市邗江区基层委员会三支部副主委。
** 辛欣，江苏联合职业技术学院扬州分院讲师、民盟扬州市邗江区基层委员会三支部副主委。
*** 周文兰，江苏联合职业技术学院扬州分院讲师、民盟扬州市邗江区基层委员会盟员。

目，该项目旨在促进职业教育与科技创新的跨界融合，培养具有高素质的人才。广州市技能培训中心尝试培养具有高技能的劳动者。上海市职业教育和科技创新联盟旨在促进职业教育与科技创新的跨界融合。中国科技大学实训基地努力将学生的课堂教育与实际工作结合起来，以提高他们的实际应用能力。

近年来，江苏省通过出台一系列政策文件，加大了对职业教育和科技创新的支持力度，推动了产学研深度合作，提高了职业教育的质量和效益。高校通过拓展教育教学资源、优化教学模式、加强实践环节等方式，努力推动职业教育和科技创新的跨界融合。企业也积极与高校合作共建产教联盟、开展技能培训，提高员工的职业技能和创新能力。

职业教育与科技创新跨界融合的作用是多方面的：一是能满足现代产业对高素质人才的需求，让人才培养更加贴近实际需求，适应现代产业的发展。二是能促进人才培养与科技创新的深度融合，提升科技创新能力，推动产业升级。三是可以使教育与产业紧密结合，提高职业教育的质量。

在职业教育与科技创新跨界融合的过程中，也出现过一些问题，如缺乏全面的战略规划，导致政策落实不到位；缺乏足够的资金投入，企业合作热度不高等。其中，二者跨界融合中的人才培养是至关重要的环节。当前，我省的职业教育和科技创新仍然存在一定程度的脱节，这不仅导致了科技创新人才的短缺，也限制了职业教育的发展。如何实现二者的有效融合，平衡教育资源与科技资源，已成为当前亟须解决的问题。为了促进职业教育与科技创新的跨界融合，政府可以考虑采取以下措施：

一、多渠道扶持科教融合

政府可以通过跨界融合基金、税收优惠、信贷支持等方式为职业教育机构和科技创新机构提供资金支持，以促进合作项目的实施。政府还可以通过采购服务、设备等方式，为职业教育机构和科技创新机构提供更多的订单和业务，增加它们的收入来源。此外，政府应与国际组织、外国政府及高校等开展合作项目，吸引外资投入职业教育和科技创新领域，推动职业教育和科技创新的国际化发展。

二、深化职业教育改革

构建现代职业教育体系需要着重完善职业教育的课程体系，提高教师的素质，加强职业教育的管理。在课程设置上，学校应该将科技创新教育与职业能力培养相结合，为学生提供科技创新思维、科学实验等方面的课程。此外，职业教育也应该注重人才的综合素质，应鼓励学生积极参与科技创新活动，提升其创新能力和团队合作精神。

三、完善教育资源

政府可以通过与国际科技创新机构合作、引入国际前沿技术、加强教师培训、加大教学设施和设备投入、建设实践基地、鼓励校企合作来完善职业教育资源，助力职业教育的发展。

四、政策支持科技创新

政府应开展科技人才培训、建立科技创新奖励机制，鼓励职业教育学生和科技人员参与科技创新活动，促进科技进步。目前，许多高校和科研机构因缺乏实践平台，导致科研成果转化率不高。因此，职业院校与科研机构应该注重和企业的合作，建立产学研合作平台，为科技创新提供更多的支持和帮助。

中国农村基础教育的振兴和发展路径

——基于江恒源"富教合一"理论

李 享[*] 刘 娟[**]

摘 要

乡村振兴离不开教育。江恒源提出的"富教合一"理论,在今天,仍能给我们带来很多有益的启示。

一、江恒源"富教合一"理论

在职教社实施农村改进的过程中,江恒源先生发现中国单靠农业学校来解决农民的教育问题是不够的,必须另辟蹊径,在这种形势下,他创造性地提出了"富教合一"的理论。该理论强调教育的使命应该是教民造福、教民均富、教民用富、教民知富。它以消除"贫""愚""弱""散"为主要任务,坚持"智力"与"富力"并重,整合"普通教育"与"职业教育",促进"教""富""政"协同发展。它构成了一个从目标到途径到方法的理性的、动态的和系统的内容结构。"富教合一"是指"一面教他致富的方法,同时使他得着了人生许多实用知识和道德行为的最好训练,这种教育,是跟着致富的方法走的,是以物质为基本的,不是谈空话,强迫人家不吃饭去做好人的,所谓道德行为,要从穿衣吃饭的行为上评价出来;所谓实用知识,要从利用厚生的效验上证明出来。"江恒源认为中国农村贫困的真正根源在于农民的穷、愚、弱、散,从

---

[*] 李享,连云港师范高等专科学校教研室主任、民盟连云港师范高等专科学校支部社会服务委员。
[**] 刘娟,连云港师范高等专科学校院长、民盟连云港师范高等专科学校支部副主委、连云港市海州区人大代表。

事乡村改进工作，首先要改进农民的物质生活，然后进行农民教育。因此职教社的乡村建设理念紧扣"富""教"两大关键，把"富农"与"教农"当做各项工作的出发点。职教社把"富教合一"作为农村改进的指导思想。

其中，"教"则是为了救农民的"愚"，增进他们摆脱"穷""弱""散"的能力。教育是解决农村问题的基础，而基础教育是整个教育过程的基础。因此，做好农村基础教育工作是重中之重。

二、农村基础教育中存现的问题与原因

基础教育是教育工作的重要阶段，必须给予高度重视。当然目前在农村地区的基础教育活动中存在着一些问题，需要引起我们的注意。

（一）农村地区基础教育存在的问题

①农村地区的基础教育缺乏资金保障。国内的基础教育主要有县区出资并管理，由于基层政府财力有限，所以农村的基础教育一直存在资金不足的问题，这也导致了农村地区在基础教育的硬件设施上有待完善。

②农村地区基础教育的师资力量有待完善。在农村地区基础教育的师资力量普遍薄弱。一些教师的学历源自成人高考或远程教育，其真实的教学水平以及专业素养有待考证。此外，多数教师的教学思想固化，没有对教学工作的热情，缺乏进取的精神。

③农村地区基础教育的学生流失率较高。农村地区基础教育中学生的流失主要源自如下几方面的问题：一是农村地区的经济发展落后，一些学生的家庭没有充足的收入保障学生接受良好教育。二是一些家长被读书无用论等思想影响，没有认识到基础教育对于学生学习与成长的重要性。三是一些家长受教育程度低，不能够辅导学生学习，在一定程度上影响了孩子的学习成绩。

（二）农村地区基础教育问题的具体原因分析

①农村留守儿童缺乏家庭教育。在农村地区，有许多家长需要到外地打工，不得不把孩子留给老人照顾。留守儿童在农村学校中已经超过了一半。在学生的成长中，家长是第一任教师，家庭教育对于学生成长与发展有着重要的影响。

②农村地区基础教育的教学模式传统单一。在农村地区，许多教师的教学模式单一，影响了学生的学习效果。学校将学习成绩作为评判学生的核心标准。一些学习成绩差的学生容易被教师忽视，产生厌学和自悲心理。

③学校的教育活动缺乏管理。一些农村学校的教学制度有待完善，其管理

粗放且形式化。这种现象的存在严重影响了教师的教育工作，也使学生的学习效果大打折扣。

④农村地区基础教育教师团队的老龄化问题严重。由于农村学校对于年轻教师的吸引力较弱，导致学校很难补充到优秀的年青教师，造成农村学校在教学上普遍缺乏创新，活力不足。

三、农村地区基础教育发展中的创新路径

农村基础教育发展的创新路径是一个多维度、综合性的过程，涉及改策制定、资源配置、教育模式等多个方面。以下是一些建议：一是优化教育资源配置。政府应加大对农村基础教育的投入，改善学校设施条件，确保农村学校具备基本的教学条件。同时，通过优化教育资源分配，使农村学校能够获得更多的教学资料，缩小城乡教育差距。二是加强教师队伍建设，提高农村教师的待遇和地位，吸引更多的优秀教师前往农村任教。同时，加强农村教师的培训，提升他们的专业素养和教学能力。通过轮岗制度，促进城乡教师之间的交流与合作，实现师资的共享。三是利用互联网技术，打破地域限制，让农村学生也能接触到优质教育资源。通过建设数字教育平台和在线课程，让农村学生与城市学生同步接受教育。四是开展特色教育，利用当地的自然环璋、文化传统等资源，开展生态教育、文化教育等特色课程，培养学生的综合素质和实践能力。

科技发展对现代高等教育人才培养的影响和建议

王秀慧[*]

摘 要

中国高等教育已经进入普及化发展阶段,全面建设社会主义现代化国家的支撑在于教育、科技、人才的协同发展。本文通过梳理、分析目前我国高等教育人才培养中出现的问题,总结我国科技人才创新能力不足的影响因素,提出了适合我国高等教育产、教、科融合的教学模式和组织方式。

教育、科技、人才是深度关联、互为依存、相互作用的有机整体。中国式高等教育现代化,是实现党和国家事业兴旺发达、长治久安的深远考虑和战略部署。当前,数字化已经成为推进高等教育现代化的重要力量。

一、科技发展对人才和教育的需求

当前,数字经济正在深刻地改变着我们的工作与生活。社会急需拥有数字思维,熟练掌握云计算、大数据、人工智能等新一代信息通信技术的人才。政府应进一步加大数字化人才培养的政策支持、加强数字化技能职业培训、推进数字化技能人才培养基地建设,并高度重视科技、人才和教育的结合。

中国进入高质量发展阶段后,培育创新人才已成为教育工作的重要使命。随着我国的互联网、大数据、人工智能和云计算等现代信息技术不断取得突破,数字经济在我国经济中的地位越发重要,算力作为数字经济的核心生产力,将会是下一个全球战略竞争的新焦点。数字化人才的培养,是有效支撑各领域数

---

[*] 王秀慧,苏州科技大学副教授、民盟苏州科技大学江枫支部主委。

字化转型和经济社会高质量发展的前提和保障。

二、我国高等教育人才培养的问题

目前，我国高等教育培养的毕业生存在创新能力不足问题。首先，是发明创造和技术革新能力不强；其次，是科研成果的市场转化率较低，科技体制长期与市场脱钩。我国科技人才创新能力不足的主要原因有以下几方面。一是应试教育导致科技人才创新能力不足，教育的评价标准单一，模式僵化，导致毕业生创新能力不足。二是人才评价标准不完善，科研人员尤其是高校科研人员为科研而科研，对科技成果的市场转化率关注不够。三是科研监督机制不完善，学术界存在多种腐败现象。四是科研投入不足，影响科技成果质量和数量，也影响了科技成果转化。五是知识产权保护有待完善，互联网是侵权盗版的重灾地。

随着数字经济的快速发展，企业迫切希望拥有高质量的人才，倒逼我们的教育必须创新模式、方法和思维。当前，推动数字化人才培养已经势在必行。明晰数字化人才建设的现有生态、确立数字化人才培养标准、规范数字化人才体系架构，已成为高等教育的必然选择。在复杂的国际竞争背景下，教育的基础性、先导性、全局性地位和作用更加突显。如何营造人才成长的新生态，培养适应国民经济发展的人才，将是决定我国在国际竞争中能否胜出的关键因素。

三、高等教育产教科融合的教学模式和组织建议

（一）树立应用型人才和创新人才的培养目标

当前，大部分高校应向应用型大学转变，努力培养实用技术型人才。"双一流"建设高校则应着力办好研究型大学，培养精英人才，以满足国家未来发展对拔尖创新人才的需求。

（二）组建一流师资队伍

师资质量是决定高等教育质量的第一因素。"双一流"建设高校必须在全球范围寻找人才，提供有竞争力的条件（薪水、设备、实验室、学生、图书馆等）。本科教育要产科教融合，要以学生为中心，使学生广泛接触新思想。

（三）设置跨学科专业与小班研讨课

学科是单一的知识体系，专业是一个跨学科的知识体系。任何专业都要依托一个或几个主干学科。学校要根据专业主干学科的不同，选择知识进行课程组合，以培养学生的创新思维和跨界整合能力。

高等教育应配置小班研讨课，这有利于师生互动，有利于开展启发式教学，能激发课堂教学活力，有利于培养学生自主学习能力、跨界整合能力和创新能力。

（四）组织研究性教学和开展本科生科研

教学与科研相结合是现代大学的突出特点。本科教育的关键是实现产科教融合。科教融合主要有两种方式：一是研究性教学，即开展以研究为基础的教学。二是本科生科研，即本科生参与教师的科研项目或自选研究项目。

（五）高等院校全员动员，建立数字化教育人才方阵

高等教育数字化转型是一个需要全员参与的、长期进行的工作。全体教职员工都具备数字化思维，学校才能自上而下地完成教育的数字化转型。高等教育的数字化人才方阵包括：具有数字化战略思维的数字化领军人才、数字化管理人才、数字化教学人才、数字化专业人才。

（六）教育引入企业，促进产教融合

政府要培养符合时代需求的创新型人才，应该拓宽企业参与途径，建设经济社会发展亟须的产教融合新平台。政府要鼓励企业与高等院校合作，共同培养适应时代需要的数字化人才。

以科技创新为主体,布局打造"一江两河"创新发展战略

陈素志[*]

摘 要

政府有关部门应当开辟教育改革新赛道、探索人才培养的新思路。首先,教育主管部门要坚持系统思维,打破学段壁垒,构建系统培育方式,完善教育过程跟踪体系。其次,学校要优化育人模式,科学遴选潜质学生,优化创新课程设计。最后,教育主管部门要充分整合资源,拓宽培养渠道,借助信息技术手段,积极尝试多元评价。

习近平总书记指出,科学技术是第一生产力,创新是引领发展的第一动力。党的二十大报告指出:"教育、科技、人才是全面建设社会主义现代化国家的基础性、战略性支撑。"近年来江苏省深入实施创新驱动发展战略,取得明显成效。新形势下,以科技创新为主体,布局打造"一江两河(长江、淮河、大运河)"创新发展战略,是实现江苏省教育、科技和人才深度融合的重要方略。

一、坚持科技是第一生产力,大力推动科教振兴战略

(一)加强顶层设计,加大资金投入,提高基础科研的地位

一是政府部门应加强对基础研究规律及特点的认识,成立基础研究战略咨询委员会,发挥好国内外优秀科学家、企业家在江苏省科技决策咨询体系中的作用,科学的规划江苏省基础科研优先项目。二是大幅提高省市财政资金在基础科研领域的投入并积极探索科技与金融深度融合机制,建立科技型中小企业

---

[*] 陈素志,江苏省靖江高级中学高级教师,民盟靖江市基层委员会委员、靖江高级中学支部主委。

全生命周期金融服务政策体系，支持开展科创投资试点，推行多样化的科技金融服务。

（二）加强基础研究实验室建设，改进资助与考核机制

江苏应根据国家战略和自身产业规划，加快推进再生医学与健康、网络空间科学与技术、先进制造科学与技术、材料科学与技术等领域省实验室建设，适时启动化工、海洋、环境、能源、农业等领域省实验室建设。政府应支持符合条件的实验室申报博士后科研流动站或工作站，促进省实验室与高等院校、科研院所联合培养硕士、博士研究生，支持省实验室与知识产权服务机构对接，促进创新成果的应用。

（三）坚持教育优先发展，推动教育现代化建设

教育质量的高低直接影响未来的科技创新。江苏应坚持以人民为中心的教育理念，深入推进素质教育，推动职业教育、高等教育高质量发展，加强一流学科建设，深入推进特色新型智库建设，创新人才培养机制，大力推进教育数字化转型，建设全民终身学习的学习型社会。

二、坚持人才是第一资源，深入实施人才强省战略

（一）构建优质高效的人才服务体系

一是建立江苏省人才数据中心，制定"急需紧缺产业人才目录"，促进专业人才与产业需求的对接。二是用好科技成果转化激励政策，引导优秀人才领衔核心技术攻关，重奖业绩突出的创新人才。三是重视本地人才使用，发挥存量人才基数大的优势，释放最大效能，鼓励本地人才融入到国际合作团队和新型研发机构中，加速本地人才的成长。

（二）建立科技创新与人才激励紧密结合的机制

为加快创建国际一流的人才发展生态环境，政府应实施更加积极的创新创业人才激励政策，着力解决人才评价中唯学历、唯职称、唯论文问题，创新人才评价机制，建立健全以创新能力、质量、贡献为导向的科技人才评价体系，完善科技奖励机制，让优秀科技创新人才得到合理回报，充分激发人才的创新动力。

（三）积极实施科技人才培养计划

江苏应深入实施高等教育"冲一流、补短板、强特色"提升计划，加强创新型人才培养。高校应瞄准生物医药、集成电路、人工智能等重点产业和科教

文卫等重点行业、重点领域，着力培养一批战略科技人才。

（四）实施更加积极的人才引进政策

在加快引进国内外顶尖科技人才的过程中，政府应大力实施人才优待政策，全面提高人才待遇，牢固树立人才是第一资源的理念，把培养人才放在优先位置，推动人力资源效益最大化，创造敬才重才的社会环境、识才用才的工作环境、引才聚才的政策环境。

三、坚持创新是第一动力，积极推进创新驱动战略

（一）完善区域协同创新体系

江苏应打造"长江—淮河—大运河"三大沿岸先进装备制造业创新走廊，为苏南、苏中、苏北城市群协同创新增添新动能。政府应明确各市在全省区域创新体系中的定位，实现协调发展。江苏应加快实施江苏省"一江两河"国际科技创新中心建设，积极对接北京、上海、广州科技创新资源，加快布局"一江两河"重大创新平台。

（二）构建科技创新平台体系

江苏应加快推进知识创新平台建设，依托"一江两河"高效开放的体制优势，力争在我省的特色和优势领域实现重大突破。政府应主导建立横跨多个区域的创新平台协同合作网络，改变以往各区域平台孤军奋战的局面，加强区域间平台的沟通协作，推动创新平台的专业化和特色化发展，鼓励借鉴"研发飞地"经验，通过在发达地区建设创新平台，提升本地科技创新水平。

（三）积极发挥企业创新主体作用

一是支持大型创新领军企业构建高水平研发机构，打造具有国际影响力的企业重点实验室或技术创新中心，承担国家级重大科技创新任务。二是鼓励行业领军企业加强基础性、前沿性研究，突破关键核心技术，开发重大原创成果，牵头制定行业标准。三是鼓励大企业向中小企业开放专业平台。四是支持中型企业建立研发机构，引导中型企业完善自身创新体系建设。五是集成各类创新要素为科技型小微企业快速成长提供解决方案，帮助、引导小微企业融入优势产业配套链。

四、结语

在新的发展阶段，江苏必须遵循科技发展规律，因时而变、顺势而为，坚持服务国家重大战略需求，积极运用新型举国体制强化科技力量，完善党对科

技工作统一领导机制，充分发挥政府作为重大科技创新组织者的作用，充分发挥市场在资源配置中的决定性作用，通过有效市场和有为政府相互配合、优势互补，促进技术要素自主有序流动，提高技术要素配置效率，调动各类科技创新主体的积极性、主动性、创造性，形成推动科技创新的强大合力。

附　录
其他优秀论文摘要

"AI+"时代,基础教育高质量发展的路径探讨

单林云[*]

摘　要

随着人工智能时代的来临,基础教育面临重大变革。新的教育理念和智能化技术为基础教育高质量发展提供了全新的路径。新课标对课程目标、课程内容、学业质量标准进行了优化,将人工智能运用与学习环境优化、教育评估创新、教学资源开发和教学改革深化紧密结合。当前,探索人工智能赋能义务教育课程在实践教学中的应用是义务教育工作者面临的重大任务。

---

[*] 单林云,宜兴市张渚高级中学教师、民盟宜兴一支部盟员。

教育、科技、人才战略的有机融合

于若洋[*]

摘　要

　　教育、科技、人才的有机融合，是指三者之间相互交流、协作、促进，形成一种新的综合体系。教育是人才培养的基础，科技是人类社会发展的重要驱动力，人才是整个社会发展的命脉。由于科技的不断进步和创新，我们已经进入高科技的时代。教育和科技逐渐形成了相辅相成的关系。科技的发展有助于教育的进步，而教育的发展也可以带来科技的进步。教育、科技、人才的有机融合，是现代社会发展的趋势。随着科技的迅猛发展，教育和人才培养模式也在不断发展和变革，三者的有机融合已成为实现全面发展和创新创造的必然选择。

---

[*] 于若洋，丹阳市正则高级中学副校长、镇江市政协委员、民盟省丹中支部主委。

"科教融合"助力中小学生创新能力培养

郭春芳[*]

摘 要

近年来,"科教融合"在中小学教育中得到了很好的发展,但仍存在一些问题,如师资力量不足、教师科学素养有待提升、教学内容单一、科技元素不足、教学手段单一、缺乏有效的评估和监测等。针对以上问题,本文提出了对应的优化策略,即"内+外"提升教师素质,"硬+软"添加科技元素,"点+面"丰富教学手段等。

---

[*] 郭春芳,江苏省南菁高级中学实验学校高级教师、民盟江阴市南菁实验支部盟员。

二本院校高层次人才引进中的优势、不足与对策

邵晨霞

摘 要

地处江南富裕地区的二本院校,在高层次人才引进中,既有优势也有不足。其优势在于地处富饶的长江三角洲经济带以及现代制造业基地,教学硬件完备,实习实践便利。而不足在于二本高校难于搭建科研团队、科研环境差、缺乏高精尖科研项目。本文分析这些存在的问题,并提出应对策略。

产教融合背景下，医学专业基础课程建设的思考

王子好[*]　顾春艳[**]

摘　要

产教融合概念最早起源于20年代初由美国教育家赫尔曼·施耐德提出的"合作教育"。推进高校课程产教融合建设不仅是高等教育深化改革的重要环节，也是提升发展动能的基本途径。在国家推出"产教融合"政策的大背景下，为培养满足社会需求的临床应用型人才，医学院校也应加强与企业的深度合作，通过"校企合作"的方式，让师生走出校门，让企业融入校园。针对目前医学专业的基础类课程与临床实际结合不足的问题，可通过建立实践教学基地、创新课程建设体系、优化师资队伍体系等举措，让基础医学教学真正地"活"起来，使教学成果有机会应用到真正的临床实际中。

---

[*] 王子好，就职于南京中医药大学副教授、病理学与病理生理学系副主任，南京中医药大学民盟盟员。

[**] 顾春艳，南京中医药大学教授、博士生导师、病理学与病理生理学系主任，民盟江苏省委青委会副主任委员、民盟南京中医药大学基层委员会委员。

打造中国职业教育平台化发展的新模式，
大力发展"多元制产教融合信息服务平台"

刘建刚

摘 要

江苏小云网络传媒有限公司正在打造"多元制产教融合数字信息服务平台"，致力于通过平台打通企业库、院校库和人才库，推动产教资源优化配置。目前，该公司已与多家院校及企业达成战略合作。秉承"用技术的力量重新定义人才发展"的使命，聚焦数字化人才培养与企业数字化转型，高校针对企业人才需求培养应用型人才。作为回馈，企业向高校提供实习基地、教师培训、设备捐赠等，实现效益共享。

发展科技教育,培养创新人才

张丽娟[*]

摘 要

教育、科技、人才是全面建设社会主义现代化国家的基础性、战略性支撑,我们的教育,依然有许多亟待解决的问题:内卷——教育不能承受之重;分离——教育孤掌难鸣之痛;失衡——教育发展不均之病。针对这些问题,本文提出几点建议:一是改革基础教育,优化教育环境。二是发展科技教育,培养创新人才。三是发展职业教育,加强产教融合。

---

[*] 张丽娟,江苏省锡山高级中学正高级教师、语文特级教师,无锡市政协委员,无锡民盟盟员。

素质教育下，学生科创教育与创新能力培养的建议

张令臣[*]

摘　要

素质教育注重人的思想道德素质、能力培养、个性发展、身体健康和心理健康教育。在素质教育中，创造性能力的培养是极其重要的，科创教育和创新精神的培养就是创造性能力培养的重要体现。

---

[*] 张令臣，沭阳县建陵高级中学教师、沭阳县政协委员、宿迁民盟沭阳县直属一支部副主委。

加强高职院校科教融汇、产教融合
促进教育、科技、人才融合

黄汉云[*]

摘　要

南通开放大学在优化学科专业布局,培育科教融合型教师,完善教师评价体系等方面进行了尝试,促进了教育、科技和人才的融合。近年来南通开放大学深化产教融合,促进校企合作,在促进教育链、人才链、产业链的有效连接上做了许多工作。该校不断完善教学内容、改革教学课程,坚持产教融合、校企合作的办学模式,努力构建以企业为主体的高技能人才培养体系,培养了一批实用型人才,促进了教育、科技和人才的融合。

---

[*] 黄汉云,南通开放大学高级工程师、民盟南通开放大学支部盟员。

开辟教育改革新赛道　探索人才培养新途径

杨牛扣[*]

摘　要

　　政府应当开辟教育改革新赛道、探索人才培养新途径、新思路。首先，教育主管部门要坚持系统思维，打破学段壁垒，加强学段有效衔接，构建系统培育方式，完善过程跟踪体系。其次，学校要优化育人模式，科学遴选潜质学生，优化创新课程设计，开展多样化实践活动。最后，教育主管部门要充分整合资源，拓宽培养渠道，统筹拓展课程资源，借力数字智慧元素，积极尝试多元评价。总之，教育改革要与时俱进，不断创新人才培养模式，坚持系统思维和多样发展相结合，充分整合资源，拓宽培养渠道，为现代化建设提供有力的人才支撑。

---

[*] 杨牛扣，泰州市姜堰区第四中学校长、高级教师，姜堰区政协委员，民盟泰州姜堰总支教育支部主委。

科技与人才的战略融合是提升经济的关键

吴辉群[*]

摘 要

科技与人才是支撑区域创新发展最核心的要素。科技与人才的战略融合,需要拓展战略视野、强化改革思维。科技与人才工作需要与企业需求、产业升级以及特色载体精准对接。科技与人才工作,还需要通过多角度优化服务,多元化激励引导,多方面形成合力来营造良好的人才与科技生态环境。

---

[*] 吴辉群,江苏省江阴初级中学高级教师、民盟江阴市初级中学支部主委。

强化科技人才赋能,构建高质量体育教育体系

吴 芜[*]

摘 要

  学校体育教学是实现立德树人根本任务、提升学生综合素质的基础性工程,是加快推进教育现代化、建设教育强国和体育强国的重要工作。本文剖析了江苏省体育教学存在的主要问题,并围绕科技创新、人才培育等方面,探寻构建高质量体育教学体系的思路和方法。首先,要提高体育课教学重视程度,完善体育教学的设施保障,不断提升体育课教学标准化建设水平。其次,要完善教育信息化体系,结合体育教学的客观实际,强化线上教学的人机交互,深化大数据应用,提高教育治理信息化水平。再次,要重视体育专业人才赋能,多措并举,强化体育教师引进和培养。最后,要做实质效评估,健全评价体系。教育主管部门要积极构建"体教融合"的新机制,创新教育综合评价体系,逐步建立由政府主导,全社会共同参与的体育课程质效评估机制,切实完善层级有序、长短结合、时效相宜的体育课教学质效评估实施体系。

---

[*] 吴芜,民盟南通市委会办公室副主任、南通市政协委员。

融合理念下，职业教育新型校企协同育人模式研究

马 敏[*]

摘 要

本文围绕融合理念下职业教育新型校企协同育人模式展开探讨。以就业为导向，校企协同育人的基本模式有"2+1"培养模式、工学交替培养模式、订单式培养模式。新型校企协同育人的措施有搭建校企合作平台、校企双元开发教学资源、创新"双主体"育人模式、校企共建实训室、创新校企协同制度、强化人员队伍建设等。在该模式下，职业院校通过不断调整自身教育培训机制，采用多种教育途径全面提升学生的综合素养。

---

[*] 马敏，江苏省江阴中等专业学校高级讲师、民盟江阴市中专支部盟员。

三项协同、多方合力，
助力教育科技人才融合发展

李桂萍[*]

摘 要

习近平总书记指出，加快实现高水平科技自立自强，是推动高质量发展的必由之路。教育类型要激发教育、科技、人才三者之间的融通活力，教育要围绕科技发展及社会需求来培养人才。教育要及时融入新科技，实现教育、科技、人才培养的相互促进。学校应实施"落户在高校、创业在企业"——人才工程，让人才同时获得学校教职工和企业职工双重身份，实现校企人才共引、共育、共享。政府要统筹多方合力下好三手棋。下好"先手棋"，支持企业与大学合作建立"区域联合体""发展共同体"；下好"关键棋"，合理布局经济开发园区、高校院所等，加快形成人才雁阵格局，既要发挥集聚效应又要发挥协同效应；下好"一盘棋"，坚持把世界科技前沿同国家重大战略需求、经济社会发展目标结合起来，不拘一格引才、育才。

---

[*] 李桂萍，江苏安全技术职业学院院长、教授，徐州市政协委员，民盟江苏安全技术职业学院支部主委。

学校"教育、科技、人才"融合策略简析

田 静[*]

摘 要

党的二十大以来,教育、科技、人才融合的课题已经摆在教育者面前。处理好三者的辩证关系,是国之大计。本文从学校管理入手,对人才培养的现状提出了几点思考和建议。

---

[*] 田静,江苏省镇江第一中学工会副主席。

教育、科技、人才的"三位一体"有机融合

徐 驰[*]

摘 要

为促进教育、科技、人才的"三位一体"有机融合，教育主管部门应以高等教育和职业教育并重，加快构建支撑科技创新的教育体系；以创新机制和创新平台并建，加强科技创新的支撑保障；以培养人才和引进人才并进，打造一流的人才队伍。

---

[*] 徐驰，泰州市实验小学教师、泰州市海陵区基层委员会实小支部盟员。

中职学校教育、科技、人才战略有机融合建议
——以连云港薄弱中职学校为例

姜 芬[*] 王会茹[**]

摘 要

教育、科技、人才有机融合已成为新发展格局下办好高质量职业教育的关键。连云港的薄弱中职学校，应从行业需求、办学定位、技术基础、教学资源4个维度，与企业展开人才培养合作。学校要多渠道加强师资队伍建设，鼓励教师走进企业并引进企业技术人才进校任教；要加强课程设置与更新，确保教学内容与市场需求相匹配。学校、企业、政府要共同搭建产教融合平台，共享高水平基地资源。教育主管部门要依据连云港薄弱中职学校的实际情况，围绕产业布局，建立专业动态调整机制，提高学校的办学实力。

---

[*] 姜芬芬，连云港海州中等专业学校讲师、民盟连云港市海州区总支宣传委员。
[**] 王会茹，连云港生物工程中等专业学校高级教师、民盟连云港徐圩新区支部盟员。

立足教育、科技、人才策略，助力江苏科教全面发展

杨倩倩[*]　倪皓[**]

摘　要

党的二十大报告将教育、科技、人才对全面建设社会主义现代化国家的重要性提升到了前所未有的战略高度。当前，我国正处于实现第二个百年奋斗目标的关键发展阶段，面临着日益激烈的国际经济竞争和日益严峻的国际形势。经调研，江苏省教育、科技、人才统筹发展规划存在以下问题：一是江苏区域差异显著，人才南北分布不均衡。二是科技创新动力不足。三是教育资源分布不均。为此，我们对于江苏省教育、科技、人才统筹发展规划提出以下建议：一是始终坚持人才引进和本土人才培养的原则。二是始终坚持科技创新的原则。三是始终坚持大力发展和完善教育体系的原则。

---

[*] 杨倩倩，苏州大学附属第一医院主治医师。
[**] 倪皓，苏州大学附属第一医院主治医师，民盟苏州大学委员会秘书、民盟苏州大学委员会青年工作委员会副主委。

在教育、科技、人才"三位一体"现代化融合进程中优化教育事业发展刍议

张 达[*]

摘 要

经济现代化发展关键在振兴产业,产业高质量发展关键在科技引领,科技高水平革新关键在人才供给,人才供给关键在教育事业。教育优先发展始终处于科教兴国战略的中心位置。为此,教育主管部门要强化教育公平,坚守教育情怀、提升教育能力、支持教育研究。

---

[*] 张达,苏州市吴中区木渎镇社会事业局科长,苏州市政协委员、苏州市吴中区政协委员,民盟江苏省社会工作委员会委员、民盟苏州市信息工作委员会副主任、民盟苏州市吴中区基层委员会委员。

加强中小学职业体验教育，促进"塑人"与"立业"

于广华*

摘 要

　　随着职业教育地位的确立，职业体验教育的重要性越来越重要。政府主管部门、中小学和职业院校都应充分认识职业体验教育的重要性。中小学和职业院校要将职业体验教育作为正式课程纳入课程体系。教育主管部门要协条好职业院校与中小学的合作，使职业体验具备"品牌"效应，成为提高职业教育社会认可度和影响力的重要抓手，从而促进中小学生教育的"塑人"与"立业"功能。

---

　　* 于广华，江苏医药职业学院药学院教授、盐城市政协委员、民盟江苏医药职业学院支部主委。

大数据视域下红色基因融入高校课程思政的现状及其对策

杨翠娟[*]

摘　要

在大数据视域下，笔者发现推进红色基因融入高校课程思政工作仍存在一些阻碍。主要表现为高校教师红色素养待提升，高质量在线精品课程不多，跨学科在线教研平台较少，信息化资源不足等。提升教师队伍——"主力军"的红色素养、拓展课程建设——"主阵地"的红色思政内容、拓宽课堂教学——"主渠道"的红色思政路径、建设"教研"一体化红色课程思政云平台等策略，都可赋能红色基因融入高校课程思政。

---

[*] 杨翠娟，盐城幼儿师范高等专科学校副教授、民盟盐城幼专总支机关支部副主委。

中等职业学校班主任的有效成长路径探究

许 鹏[*] 蒋亚娅[**]

摘 要

  国家和人民对优质教育资源的多元化、职业学校学生的全面成长及中职学校班主任的成长提出了更高的要求。在中职院校班主任的成长中,学校要构建综合评价体系,提升其育人能力,提高其工作内驱力和自主性,增强其工作幸福感与获得感。

---

  [*] 许鹏,江苏省淮阴商业学校讲师、民盟盟员。
  [**] 蒋亚娅,淮安市教育局职业教育与社会教育处副处长、淮安市第十九届政协委员、淮安市民盟教育支部主委。

加快港城教育现代化建设
推动教育、科技、人才战略融合发展

刘 丽[*]

摘 要

党的二十大报告首次将教育、科技、人才三大战略进行统筹部署。张家港市深刻认识新时代加快建设教育强国、科技强国、人才强国的历史使命，准确把握坚持教育优先发展、科技自立自强、人才引领驱动三者之间的相互关系，加快推动教育、科技、人才融合发展战略，为港城高质量发展提供新动能、新优势。张家巷市坚持落实教育优先发展战略，做好三个"双一流"工作，办人民满意教育；坚持科技是第一生产力，打造创新驱动高质量发展的全国县域典范；坚持人才是第一资源，把人才资源开发放在最优先位置。

---

[*] 刘丽，张家港市开放大学社区教育处副主任、苏州张家港市政协委员、民盟苏州张家港市梁丰支部宣传委员。

浅谈教育现代化下的资源整合与共享

熊新秀[*]

摘　要

教育现代化包括教育思想现代化、教育观念现代化、教育内容现代化、教育设施现代化、教育管理现代化以及师资队伍现代化。教育现代化具有教育普及化、教育国际化、教育信息化、教育终身化以及教育个性化的特征，其中教育信息化是教育国际化、教育终身化以及教育个性化的重要保证。为了促进我国教育现代化，各学校应当注意加强资源整合与共享。本文简要介绍了教育现代化的内涵，分析了加强资源整合与共享的必要性，并提出了教育现代化下资源整合与共享的对策：一是合理布局，促进教育可持续发展。二是加强资源共享，促进教育信息化。三是加强资源管理，促进教育现代化。

---

[*] 熊新秀，盐城市神州路小学副校长、高级教师，盐城市盐都区第十五届政协委员，民盟盐都区基层委员会委员。

"双一流"建设视阈下环南信大知识经济圈创新人才培养模式的构建与探索

常建华[*]　吴崇[**]　孟克[***]　吉敏[****]

摘　要

　　高校创新人才培养需要适应新时代的要求,多元主体协同育人是培养创新人才的重要举措。本文通过分析"双一流"高校创新人才培养的现状,基于"环高校知识经济圈"多元主体协同育人的实践与经验,提出了一套创新人才培养方案,希望能为"双一流"高校创新人才培养工作提供参考和借鉴。

---

[*] 常建华,南京信息工程大学教务处副处长、教授、博士生导师,民盟江苏省委教育工作委员会委员。
[**] 吴崇,南京信息工程大学商学院教授、研究生导师,民盟江苏省委教育工作委员会委员。
[***] 孟克,南京信息工程大学教务处教研科科长、副研究员。
[****] 吉敏,南京信息工程大学商学院副教授、博士。

培养高质量国际化人才，助力中国科技发展

张 莹[*]

摘 要

党的二十大提出"教育是基础，科技是动力，人才是主体"的三位一体战略。随着经济全球化以及信息技术的快速发展，教育与人才培养的国际化趋势也愈加明显。中国的科技发展迫切需要有国际视野和竞争力的优秀人才。

---

[*] 张莹，江苏省苏教国际教育文化交流中心有限公司副总经理、江苏教育国际咨询有限公司执行董事兼总经理、民盟省直机关三支部盟员。

数字赋能、融合创新,促进教育高质量发展

苏 慧[*]

摘 要

本文从丰富优质数字化教学资源、深化数字技术与课程教学融合创新、提升师生数字化能力素养、完善闭环式数字化教学质量评价管理、构建数字化教学成果网络展示平台等几个方面,探讨了数字赋能、融合创新,加快教学数字化进程的建设方案,以此为教育高质量发展作支撑。

---

[*] 苏慧,金陵科技学院教务处处长、二级教授,江宁区人大常委,民盟江宁区基层委员会主委、民盟金陵科技学院支部主委、民盟南京市委常委。

网络时代高等教育改革的实践与求索

谢 岚[*]

摘 要

在网络时代，高等教育改革的难点在于如何修正体制现状与利益的错配。现行的教学体系仍存在一些问题。一是教育的核心——"职业"与"基础"两者并重的形式并没有得到充分的理解。二是职业学校热衷的"提档升格"为教学留下了脱离实际的隐患。三是教育价值的核心标准——"有效性"在高等教育阶段没有被充分体现。四是创业教育的方向和道路不明朗。五是科研标准的权重没有排在有效性标准之后。六是教育时间和成本的无限放大激化了社会矛盾。七是教学质量的评价监督应该延长时间跨度并提高社会参与度。

---

[*] 谢岚，苏州科技大学教师、民盟苏州科技大学江枫支部盟员。

加快推进科技教育融合
促进教育科技人才一体化发展

民盟南京邮电大学委员会

摘　要

　　党的二十大报告第一次将教育、科技、人才整合到一起进行系统谋划。本文认为可以从两个方面促进教育、科技、人才一体化发展。一方面，高校要变革观念及机制，构建由学校、科研机构及行业企业共建的沟通平台，建立对人才需求、师资队伍、科技成果转化等相关平台和信息的共享机制，促进项目、人才和资金的对接。另一方面，行业科技领军企业要充分发挥自身的资金、技术和人才优势，与学校合作组建产学研深度融合的创新联合体，发挥企业在资源整合方面的优势，在重大项目和创新实践中促进学科建设和人才培养。

整体提升区域心理健康教育质量的实践探索

侯一波[*]　董周羽[**]

摘　要

　　随着社会的发展，青少年心理健康受到了社会各界的广泛关注，保证学生心理健康意义重大。淮安市作为江苏省较早开展心理健康教育的城市之一，通过18年的实践探索，树立了"健康第一"的教育理念，成立了心理健康教育专业委员会，建立了分层推进的心理健康教育体系。淮安通过打造精品课程、培养教师团队、重视教育科研，成功实施了"四早"工程，构建了心理危机干预体系，搭建了交流平台，打造了"630"工程。这一系列工作为学校心理健康教育营造良好氛围、形成科学的心理健康教育观，探索出了一条可行、可推广的特色实践路径。

---

[*] 侯一波，淮安市教学研究室心理健康教研员、民盟淮安教育支部宣传委员。
[**] 董周羽，江苏省淮阴中学心理健康教师。